KB154822

온 세상이
우리를
공주 취급해

DRAMA
QUEEN

온 세상이

은근한 차별에 맞서는

우리를

생각하는 여자들의

공주 취급해

속 시원한 반격

DRAMA

타라-루이제 비트베어 지음

QUEEN

김지유 옮김

프런트페이지
FRONTPAGE

일러두기

· 이 책에서 영화, 드라마 제목 등은 홑화살괄호(〈 〉), 단행본, 잡지 등은 겹화살괄호(《 》) 안에 표시하였습니다.

· 인명은 국립국어원 한국어 어문 규범의 외래어 표기법을 따랐으며 이곳에 포함되지 않은 인명은 되도록 원지음을 따랐습니다. 또한 인명과 인용된 책의 본래 제목은 로마자를 병기하였습니다.

· 국내 번역 출간된 책은 국역본 제목을 표기하였으며, 국내에 출간되지 않은 도서는 직역하고 원서의 제목을 표기하였습니다.

· 본문에 등장하는 이름은 개인정보 보호를 위해 가명으로 사용하였습니다.

· 책이 집필된 시점을 고려하여 소셜 미디어 엑스는 트위터로 표기하였습니다.

이 책을 엄마에게,
물론 아빠에게도 바치지만, 엄마에게 더 많이 바칩니다.
참, 할아버지는…
글쎄, 그러면 여성 비중이 조금 줄긴 하겠지만….

할아버지에게도 이 책을 바칩니다.

　　나는 여러 사람을 지칭할 때 여성을 먼저 언급하려고 한
다(독일어 명사에서 복수형의 기본은 주로 남성형인데, 저자는 이를 비
틀어 여성형을 기본으로 사용한다고 말한다—옮긴이). 물론 그렇다
고 남성을 언급하지 않겠다는 뜻은 아니다. 이 책에서 다루는
이야기도 여성과 남성 모두에 관한 것이니까. 이 책에 등장하
는 여성이란 '모든' 여성을 의미한다. 그리고 나에게 모든 여
성이란 생물학적 성별과 심리적인 성별이 동일한 시스젠더
여성과 트랜스여성을 비롯해 자신을 여성으로 규정하는 모든
사람을 뜻한다.

　　반면 앞으로 내가 부정적인 맥락에서 예시로 드는 남성
은 주로 시스젠더 남성이다. 트랜스남성이나 게이 남성은 포
함하지 않는다. 이들은 사회가 요구하는 젠더 규범이나 진부
한 성 역할 고정관념을 깬 자들로, 여성들과 마찬가지로 사회
적 소수자에 속하기 때문이다. 한마디로 이들은 우리 쪽에 가
깝다.

　　우리가 사는 세상에는 성 정체성과 피부색으로 인한 차

별이 존재한다. 나 역시 백인이자 비장애인 시스젠더 여성이라는 특혜 속에서 살아가며, 가부장제의 여성 배제를 온전히 경험해 본 것은 아니라는 점도 알고 있다. 이 말은 즉, 내가 지금부터 풀어놓을 개인적인 경험들이 모든 독자가 겪는 보편적인 일이 아님을 안다는 뜻이다.

그리고 내가 여기에 적은 생각들도 몇 년 후에 다시 보면 완전히 달라 보일 수 있다. 시간이 지나면서 더 많이 배우고, 더 발전하고, 더 깊이 생각할 수 있으리라 믿는다. 사족이 길었는데, 결국 내가 완벽한 사람이 아니고 틀릴 때도 있다는 얘기를 하고 싶었다. 그러니 혹시라도 이 책에서 부족한 부분을 발견한다면 이해해 주기를 바란다. 최대한 공정하고 많은 사람을 아우르는 책을 쓰기 위해 최선을 다했다.

물론 여성혐오 따위를 퍼뜨리는 백인 시스젠더 남성까지 아우르지는 못하겠지만.

…웃자고 한 소리다.

진짜로.

개는 구름 속에 떠 있는 것처럼
새들에게 말을 걸지
바보 같은 어린애
그녀는 다른 여자와는 달라

—더 라스무스 〈다른 여자와는 달라〉 중에서

차례

1부

나더러
드라마퀸이라고?

이제는 내가 어떻게 생겼는지 모르겠다

내 얼굴에는 커다란 점이 하나 있다. 온라인에 내 얼굴이 노출되기 전까지는 이 점을 별로 대수롭지 않게 생각했다. 하지만 인플루언서 활동을 시작하고 나서부터 내 점을 둘러싼 수많은 이야기가 들려온다. 어제 받은 메시지를 한번 볼까? 빨리 수술이라도 해서 점을 빼야 사람들이 나를 한 번이라도 더 쳐다봐 줄 거란다. 이런 말들을 마주하다 보니 가끔씩 내 사진을 확대해 괜찮은지 확인하게 된다. 그럴 때마다 이런 생각이 든다. 괜찮다는 건 과연 누구에게 괜찮다는 말일까? 나에게? 아니면 다른 사람들에게?

여성지 같은 잡지를 보면 항상 '우리는 있는 모습 그대로 아름답다'고 말하는 대목이 있다. 그런데 이렇게 자존감 십계

명을 마음에 새겨야 한다는 내용을 한참 동안 강조하다가도 그다음 장을 넘기면 갑자기 이미지 변신을 해서 다른 여성들보다 돋보여야 한다는 정반대 내용의 기사가 나온다. 물론 세련된 현대 여성지답게 그걸 강요하지는 않는다. 우리는 무엇이든 할 수 있지만, 꼭 그래야만 하는 의무는 없으니까.

만일 우리에게 한 가지 의무가 있다면, 그건 자기 자신을 사랑하는 것뿐이다.

그래, 그 말대로 어쨌든 나는 나를 사랑한다. 그러다가 가끔 휴대폰 카메라에 비친 내 모습을 바라보면 자신이 없어지기도 한다. '너를 사랑하라고! 이 패배자야, 넌 그것도 못 하지?'라는 말을 스스로에게 하는 것 같은 기분이 든다. 그럴 때면 억지로 입꼬리를 올려봐도 눈은 조금도 웃고 있지 않다.

그렇게 잡지를 열 장 정도 더 넘기면 다이어트 레시피가 쭉 이어진다. "살찔 걱정은 이제 그만"이나 "반바지가 잘 어울릴 거예요"라는 말을 보고 있자면 혼란스러워진다. 조금 아까는 남자에게 인기를 얻으려면 반바지보다는 치마가 낫다고 하지 않았나? 참고로 그 패션 팁이라는 것에 따르면 빨간 손톱과 립스틱은 과해 보일 수 있으니 그의 마음을 사로잡고 싶다면 절대 금물이다. 잠깐, 아까는 그냥 있는 그대로의 모습이 아름답다고 하지 않았나?

사실 이런 구시대적인 말은 이제 더 이상 나에게 큰 타격을 주지 않는다. 그리고 나를 포함한 우리는 모두 이런 말을 듣고 살아오면서도 꽤 성장했다. 물론 그 과정이 순탄한 것은 아니었지만. "나잇값을 해야지, 무슨 저 나이에 인플루언서를 해?"라는 댓글에 신경을 쓰지 않으려 하면서도 은근히 신경이 쓰여 남자들은 아무도 사지 않을 것 같은 안티 에이징 세럼 따위를 산 적도 있다. 그래, 남자는 나이가 들면 섹시하지만 여자는… 그냥 늙은 거라고들 말하니까. 그딴 말을 들으면 진짜 화가 치밀지만 분노는 피부에 좋지 않다고 하니 참아야지 별수 있나.

넘쳐나는 유행들이 내가 추구해야 할 모습을 정해주고 내가 내 취향이라고 믿는 것들을 대신 결정하는 시대다. 동시에 유행을 따르지 않는 게 쿨하다는 말이 나를 꼼짝달싹할 수 없게 만든다. 솔직히 나는 꽃무늬 옷을 입고, 손톱은 알록달록하게 칠하고, 빨간 립스틱을 바르는 것이 좋다. 하지만 동시에 시크한 무채색도 사랑한다. 무채색은 전문적인 느낌을 주기도 하지만, 또 너무 '여성스러워' 보이지 않기 때문이다. 그런데 이를 어째, 핑크나 꽃무늬는 은연중에 멍청하고 학식이 낮다는 편견이 깔려 있다. 여성스러운 옷차림이 두드러지면 사람들이 나의 말을 진지하게 받아들이지 않는다. 그렇지만 나는 쿨하고 신비로운 이미지로 남고 싶다.

이쯤 되니 내가 무엇을 좋아하는지 모르겠다. 지금과는

다른 모습이고 싶지만 어떤 모습이 되고 싶은 건지는 모르겠다. 진정한 여자가 되기 위해 갖추어야 하는 것들이 넘쳐나서 막막하다. 진정한 여자는 볼륨감이 있어야 한단다. 그러면 나는 왜 온라인과 오프라인을 막론하고 항상 뚱뚱하다고 욕먹는 걸까? '뼈다귀는 개나 가지고 노는 것'이라며 진정한 남자는 마른 여자를 사랑하지 않는다는데, 그렇다면 진정한 남자란 무엇일까? 그러면 또 진정한 여자, 진정한 사람이란 무엇일까?

…아니, 이런 질문들에는 사실 나도 제대로 답을 하지 못하겠다.

나도 나를 사랑하고 싶다. 하지만 그러면 자의식 과잉은 주변 사람을 불편하게 만든다는 핀잔을 듣는다. 아이러니하게도 다른 사람들로부터 사랑받고 싶은 마음도 크다. 다른 사람들이 나를 좋은 사람으로 생각하는 것이 곧 내가 좋은 사람이 되는 것이라는 말을 무수히 들어왔으니까.

나도 내 생각을 말하고 싶다. 하지만 나 말고도 모두가 각자 자기 생각이 있고 또 나에 대한, 여성에 대한 생각을 쉬지 않고 말해대서 내가 말할 틈이 없다!

우리는 현명하고 지혜로운 여성이어야 한다. 하지만 결국에는 아무 생각도 없어야 하고, 자신을 사랑하는 동시에 다른 사람의 마음에도 들어야 하는 존재다. "자, 어서 여성의 본

능을 발휘해 저들을 돌봐주렴. 싫다고? 너 혹시 페미니스트
니? 그런 건 진정한 사랑이 아니야!"

　　우리는 더 많이 행동하고, 더 많이 질문해야 한다. 그리
고 무엇보다도 더 많은 임금을 요구해야 한다. 아, 근데 지금
은 아니다. 그 전에 임신을 한 번 더 하고 육아휴직을 내서 고
용주를 착취해야 하니까. 여자라면 다 아는 방법이다. 또 너무
시끄럽고 강하게 요구해서도 안 된다. 그런 여자는 남자들에
게 인기가 없으니까. 그리고 레즈비언? 누가 레즈비언한테 관
심이나 있을까.

　　이제 잡지는 레몬 케이크 레시피를 소개하는 쪽으로 넘
어간다. 당연히 저탄수 레시피다. 그래야 다음번 파티에 모인
남편 친구들 앞에서 빛나는 모습으로 남편을 자랑스럽게 만
들어줄 수 있을 테니까. 상큼한 레몬 케이크로 영혼의 허기를
채우고 나면 남편이 섹시하다고 좋아했지만 지금은 맞지 않
는 그 원피스를 마침내 다시 입을 수 있을 것이다.

　　그런데 이 모든 것을 지워버리면 어떻게 될까? 남자도,
사회도, 가부장제도 다 지워버리고 나면 나에게 남는 것은 무
엇일까? 나는 어떤 사람일까?

1부

나더러
드라마퀸
이라고?

DRAMA
QUEEN

자기 이름을 밝히기 전에 상대방의 이름을 먼저 묻는 것이 예의라지만, 오늘만큼은 내가 먼저 이야기를 시작하려고 한다. 그것도 무려 '나'에 대한 이야기다. 목소리가 큰 여성은 대개 불편한 존재다. 자기 목소리를 내는 여성에게는 금세 드라마퀸, 관심종자, 픽미걸이라는 꼬리표가 따라붙는다. 하지만 이번만큼은 목소리를 높여 나에 대해 이야기하려고 한다.

어째서 우리는 같은 여성끼리도 서로에게 가혹한 말을 내뱉는 걸까? 할 일이 없어서 그럴까? 다들 여성으로 살아가기가 너무 각박해 그러는 걸까? 여성으로 살아간다는 건 인생을 쉬지 않고 전속력으로 달리고 있는데도 "왜 그렇게 예민해. 그날이라 그래?"라고 가볍게 말을 던지며 여유롭게 걸어가는 남성들에게 추월당하는 기분이니까? 생각해 보니 그럴 수도 있을 것 같다.

이 이야기는 나만의 이야기가 아니다. 만약 그랬다면 참지루한 이야기가 되었을 것이다. 내 이야기는 이 사회에서 살아가는 한 여성의 역할에 대한 이야기다. 끝없이 이루어지는 심판과 평가 사이에서 여성으로 산다는 것은 어떤 의미인지, 또 나는 왜 오랫동안 핑크색을 창피하게 생각했는지, 그리고 어째서 이 생각을 내가 다른 여성들과 다른 특별한 점이라고 여겼는지에 대해서도 이야기하고 싶다.

그 이유에 대해서는 나도 오랫동안 생각해 왔는데, 가장 쉬운 답안은 아마도 엄마의 영향이었다고 말하는 게 아닐까. 우리 엄마는 수수한 옷차림에 화장도 거의 하지 않고 록 콘서트 맨 앞줄에 남자 친구들과 함께 커다란 맥주잔을 들고 앉아 있는, '보통 여성과 다른' 사람이었다.

부모는 어떤 방식이 되었든 필연적으로 자식의 역할 모델이 된다. 게다가 어린 시절 나에게는 부모님 말고 딱히 다른 역할 모델도 없었다. 그러니 이미 어릴 때부터 내 머릿속에는 '여자들은 항상 모든 상황을 드라마처럼 극적으로 만들어 버리려 한다'는 생각이 확고했다. 이 부분에 대해서는 엄마와 내 생각이 같았지만, 이러한 편견 때문에 고통받았던 것도 바로 우리 엄마였다. 결국 엄마도 여성이었기 때문이다. 나는 아빠와 유대감이 더 강했는데, 그것이 우리 모녀의 관계를 망치고 있다는 사실을 알아차리지 못했다. 게다가 엄마와의 관계가 어려워질수록 여성과 관계를 맺는 것은 남성과 맺는 것보다 훨씬 더 피곤한 일이라는 잘못된 고정관념이 더욱 확고해지는 악순환이 반복되었다.

하지만 이제는 우리의 모녀 관계가 정말 좋다고 단언할 수 있다. 엄마는 내가 아는 가장 강인한 여성이다. 이 책을 엄마에게 헌정하기 때문에 그렇게 말하는 것은 아니다. 나는 여성들이 서로를 비난함으로써 서로에게 얼마나 큰 상처를 입히는지 가장 잘 아는 장본인이고, 바로 그 때문에 엄마에게 이 책을 바치는 것이다. 나는 이 책을 통해 너무도 다른 우리가 서로를 지지하고 서로를 향한 손가락질을 멈출 방법을 찾으려 한다. 내 인생 최초의 여성이자 내 삶에서 가장 중요한 여성인 엄마에게 내 인생을 전부 망쳤다고 비난하는 것보다 분명 더 나은 방법이 있을 것이다. 내가 오랫동안 핑크를 무시했던 과거는 결코 엄마의 잘못이 아니다.

내가 그동안 여성에 대해 얼마나 방어적인 태도를 보였는지, 왜 그런 방어기제를 가지게 되었는지 비로소 깨달은 것은 최근의 일이다. 그건 나 자신 때문이었고, 이 세상에 존재하는 모든 책, 노래, 영화 때문이었다. '남들과는 다른' 사람이 되고 싶도록 착각하게 만드는 그 빌어먹을 대중문화 자체가 문제였다. 그런 대중문화의 영향을 받아 나는 정말로 남들과는 다른 사람이 되고 싶었다.

반면 성공한 여성, 뛰어난 생각과 탁월한 외모를 가진 여성들을 숭배하는 내용의 칼럼을 읽을 때면 이런 자괴감이 들기도 했다. 왜 나만 이렇게 못나고 멍청한 걸까? 누군가와 대화할 때 다른 여성이 언급되면 왜 불편했을까? 나는 왜 남자 친구의 전 여친과 전 남자 친구의 현 여친을 동시에 미워했을까? 글쎄… 왜 그랬을까?

통계를 보면 나 혼자만 이런 생각을 한 건 아닌 것 같다. 내면화된 여성혐오는 전 세계 모든 곳에서 심각한 문제로 나타난다. 문학[1]부터 영화나 텔레비전 프로그램, 사람들의 관계에 이르기까지,[2] 우리의 머릿속에 자리 잡은 여성혐오가 우리의 생각과 행동을 무의식적으로 결정한다.

나만 그런 건 아니라고 생각하면 안심이 되기도 한다. 하지만 함께 잘못된 길을 가고 있다거나, 잘못된 정류장에서 오지 않는 버스를 하염없이 기다리고만 있다고 생각하면 그것도 참 안타까운 일이다.

그래도 좋은 소식은 있다. 무언가 변하고 있다는 점이다. 지금 이 책을 읽기 시작한 당신도 바로 그 증거 중 하나다.

나는 사이코패스 빌라넬을 닮았다

미디어에 등장하는 여성 캐릭터 중에서 내가 처음으로 동질감을 느꼈던 인물은 다름 아닌 암살자였다. 이상한 말처럼 들리겠지만, 어떻게 된 일인지 지금부터 자세하게 설명해 보겠다.

어릴 적 나는 영화와 드라마에 푹 빠져 살았다. 하지만 내가 사랑해 마지않던 것들이 나에게 미친 영향에 대해 깨달은 건 한참 후의 일이었다. 아무것도 모르던 꼬꼬마 시절이라 하더라도 디즈니 공주들이 잠을 자는 사이에 동의 없는 키스를 하는 장면은 유난히 마음에 들지 않았다. 하긴, 그 공주들은 알았다고 해도 어차피 거부하지 않았을 것이다. 무려 '왕자'의 키스니까. 어린 시절에는 그런 공주 영화가 참 재미있었다. 그렇다고 내가 진짜 공주가 되고 싶은 것은 아니었다.

십 대가 된 나에게 주어진 선택지는 〈퀸카로 살아남는 법〉에 나오는 레지나 조지 같은 여왕벌 캐릭터 아니면 〈내가 널 사랑할 수 없는 10가지 이유〉의 캣 스트랫포드 같은 신비주의 아웃사이더 캐릭터 정도였다. 이 두 인물은 유난히 각자의 특징이 부각되었다. 1990년대와 2000년대 초반에 쓰인 각본에는 다양성이 반영되지 않았다. 인물과 스토리 라인은 대부분 비슷했고, 작품의 분위기는 블랙 아니면 핑크였다. 블랙과 핑크, 둘 중 나를 대변하는 것은 무엇이었을까?

그러다 2010년대 초반에 들어서면서 소셜 미디어가 우리의 삶에 미치는 영향력이 커지기 시작했다. 소셜 미디어를 통해 더 많은 사람이 더 많은 생각을 가지고 더 많은 생각을 접했다. 딱히 동의하지 않는 사람도 있겠지만 그중 더러는 다른 사람들의 의견을 주의 깊게 듣는 사람들이었다. 그와 맞물려 블로그나 페이스북 같은 소셜 미디어를 중심으로 하이틴 영화에 나타나는 여성상에 대한 비판의 목소리가 높아졌다. 깜찍한 의상에 반짝거리는 글리터를 바르고 짝사랑을 쟁취하기 위해 노력하거나 라이벌 여왕벌과 싸우기만 하던 하이틴 영화 속 여성 인물들은 갑자기 더 많은 역할을 요구받게 되었다.

그 이후 영화계에 변화의 바람이 불기 시작했다. 갑자기 용기 있는 여성 캐릭터를 전면에 내세우거나 뻔한 남자 사냥

말고 다른 주제를 말하는 작품들이 등장하기 시작한 것이다. 2012년 디즈니는 픽사와 공동 작업한 〈메리다와 마법의 숲〉을 통해 딸과 어머니의 관계를 주제로 다루었는데, 이 관계성은 복잡하게 그려지지만 결국 좋은 방향으로 끝맺는다. 나에게는 어쩐지 꽤 익숙한 이야기였다. 그 뒤를 이어 〈모아나〉나 〈겨울왕국〉과 같은 영화에서 마침내 진짜 사람처럼 생각을 하고 목표를 가진 여성 인물들이 등장했다. 그건 그 나름대로 감격스러운 일이었지만, 더 이상 디즈니 공주에 감정 이입할 나이가 아니었던 나는 여기서도 나를 대변해 줄 캐릭터를 찾지 못했다. 조금 나아지기는 했어도 여전히 여성 캐릭터는 옛날 동화 속 이야기에 나올 법한 이분법적인 구도에 갇혀 있었다. 공주 아니면 사악한 계모, 사랑 아니면 미움을 받아야만 하는 여성 인물들의 운명도 그대로였다.

나는 아이들이 우는 소리를 들으면 피곤하다. 아이들을 싫어한다는 말은 아니다. 그냥 조용한 게 좋을 뿐이다. 하지만 이런 말을 입 밖으로 뱉으면 "여자가 어떻게 그래? 냉정하고 이기적이다"라는 반응이 돌아온다. 지금까지 본 그 어떤 영화나 드라마에서도 여성 인물이 아이 우는 소리가 싫다는 말을 대놓고 하는 것을 본 적이 없다.

나는 나의 복잡한 감정과 느끼고 있지만 말로 표현할 수 없는 이 모순을 처리할 방법을 찾으려 오랫동안 고민해 왔다.

미디어 속에서 일반적인 여성의 행동처럼 묘사되는 것과 달리 실제로 모든 여성들이 허벅지 사이에 틈을 만들기 위해 노력하거나 다른 여자들을 질투하진 않는다. 미디어가 실제 여성의 삶을 반영하지 못하고, 미디어에서는 도무지 나와 같이 생각하는 인물을 찾을 수 없으니 내 속에서는 자연스레 많은 질문이 생겨났다.

'내가 이상한 걸까?'

'영화나 드라마 속 여성들은 어떻게 언제나 완벽한 모습일까?'

'어떻게 해야 나도 그렇게 될 수 있을까?'

'도대체 나는 뭐가 문제인 걸까?'

내가 기억하는 한 나는 언제나 위기에서 다른 위기로 비틀거리며 살아왔다. 흔들리지 않고 완벽한 모습을 보이고 싶었다. 머릿속에서 울려대는 '자기 자신을 찾아라', '옛날에 비하면 세상 좋아졌다', '결국 아이를 낳는 것이 여성의 할 일이니, 자연의 섭리를 따라야 한다'는 말이 묻힐 만큼 큰 목소리를 내고 싶었다.

여성을 배제하고 대상화하는 것이 예전만큼 효과가 없어졌다는 사실을 미디어 업계에서도 눈치챈 이후, 2013년에서 2014년쯤에는 '네 자신의 삶을 살라'가 새로운 트렌드가 되었다. 이제는 이런 생각이 완전히 자리를 잡아, 인스타그램에 자신을 표현하는 게시물을 올리거나 '좋아요' 한 번으로 간편하게 자신의 성향을 드러내고 그것을 지지하는 시대가 되었다. 물론 여전히 그와 동시에 "그래도 그건 아니지!"라는 말이 돌아오는 시대이기도 하다.

도대체 어쩌라는 걸까? 미디어에서 묘사되는 단순한 여성상과는 달리 내 안에는 온갖 성격이 뒤섞여 도대체 내가 어떤 여성인지를 나조차도 잘 모르겠다. 그저 "나는 좀 다른 것 같아"라고 말할 뿐이다. 그렇지만 다르다는 말조차도 나를 완전히 대변해 주지 못한다. 나는 그저 '나'일 뿐이다.

몇 년이 지난 후, 내가 스물여덟 살이 되던 2018년 마침내 나를 대변하는 여성 캐릭터를 마주했다. 피비 월러브리지 Phoebe Waller-Bridge가 제작과 각본을 맡은 영국 드라마 〈킬링 이브〉 속 빌라넬이다. 빌라넬을 본 순간 그녀야말로 내가 그리워하는지도 모른 채 그토록 그리워했던 인물이라는 것을 직감했고, 머릿속 시냅스가 파괴되거나 폭발하는 기분, 어쩌면 그 둘이 동시에 일어나는 기분에 사로잡혔다. 드라마를 보기 시작하고 몇 분 안에 나는 그녀를 알아볼 수 있었다.

극중 러시아 출신 사이코패스 킬러인 빌라넬은 복잡한 인물이다. 불안정하고, 시끄럽고, 막말하고, 오만하고, 비호감에, 공감 능력이 없고, 사람을 짜증나게 만든다. 그 꼴을 보고 있으면 말 그대로 짜증이 난다. 하지만 빌라넬은 자신의 그런 모습에 일일이 사과하거나 양해를 구하지 않고 그냥 그렇게 살아간다. 빌라넬이 소란스럽고 자신만만하게 활개를 치고 다닐 때면 텔레비전 앞 소파에 앉아 '아니, 쟤 왜 저래?' 하고 공감성 수치에 몸부림쳤다. 동시에 '나는 빌라넬과 사귀고 싶은 걸까, 아니면 빌라넬처럼 되고 싶은 걸까? 내 인생에 저런 사람이 있기를 바라는 걸까, 아니면 내가 다른 사람들에게 저런 사람이고 싶은 걸까?' 하는 의문이 들었다.

빌라넬이 미디어 속 여타의 여성 캐릭터와 다른 점은 그녀가 사이코패스임에도 불구하고 분명하게 선이나 악으로 정의 내릴 수 없는 존재라는 것이다. 암살자인 직업 특성상 다른 사람의 마음을 사려고 노력하지도 않는데, 바로 그런 점 때문에 다른 인물들의 마음을 산다. 그녀는 사랑스럽게 굴다가도 정반대로 행동한다. 빌라넬의 특성은 옷에서도 잘 드러나는데, 예를 들어 꽃무늬 원피스와 크롭 정장 재킷을 함께 매치하는 식이다. 또 빌라넬은 다른 사람보다 우위에 서려고 하는 동시에 자기에게 다정하게 대해줄 사람을 찾는다. 상처를 입을까 봐 사랑을 두려워하면서도 남에게 상처를 주는 직업을 가졌다. 한마디로 복잡함 그 자체다. 그리고 그 모습이 저마다 복잡한 속사정을 지닌 우리의 모습과 닮았다.★

★   작중 빌라넬이 하는 일을 미화하려는 것이 아니라, 빌라넬이라는 인물이 네 시즌에 걸쳐 구축한 복잡성과 인물의 발전을 강조하고 싶다는 것을 짚고 넘어가겠다.

빌라넬을 발견하기 전까지 매일 저녁 보았던 작품들 속 여성 주인공들은 마치 특정한 유형의 인물을 구현해내려 애쓰는 것처럼 보였다. 대중의 인기를 끌기 위해 사람들이 으레 여성에게 기대하는 행동을 그대로 답습했다.

그런 모습을 볼 때마다 나는 멍하니 리모컨만 움켜쥔 채 세상과 멀어지는 듯했다. 꽃무늬 원피스와 오버핏 재킷 사이에서 꼭 어느 한쪽을 선택해야 할 것만 같은 마음에 혼란스럽고 불안했다. 여성성과 남성성 중 반드시 하나를 택할 필요가 없다는 사실을 몰랐기 때문이다.❄ 록 페스티벌에서 맥주를 마시면서도 핑크 매니큐어를 사랑할 수 있다는 사실을 깨달은 지 얼마 되지 않았다. 그전까지는 다른 사람들이 내가 어떤 타입의 여성인지 한눈에 파악할 수 있도록 한쪽을 선택해야 할 것만 같았다.

그러면서도 고분고분하고 좋은 여성이어야 했다. 남성이 결혼하고 싶은 여성이 되는 게 최대 목표라고들 하니까. 심지어는 비혼 여성을 목소리가 크고 자기주장이 강하다고 비하하는 '크레이지 캣 레이디Crazy cat ladies'라는 표현도 있을 정도다.

❄ 개인적으로 옷에는 성별이 없다고 생각한다. 반드시 꽃무늬 원피스가 여성스럽고 오버핏 재킷은 남성스럽다고 생각하지 않는다. 여기서는 사회적인 맥락이나 여전히 존재하는 일반적인 통념을 빗대어 이야기하는 것이다.

오랫동안 이런 틀 안에 나를 맞추려고 노력했다. 사회가 규정한 틀에 맞춰 모습을 바꾸고, 보수공사를 하며 살아왔다. 하지만 이렇게 새로 짓고 공사 중이던 나는 금방이라도 무너질 듯 위태로웠다.

나는 언제나 진부한 표현들 속에 갇혀 살았다. 유행만 좇는 뻔한 베이직걸, 다른 여자와 다르다고 우쭐대는 픽미걸, 싼티 나는 여자, 핑크로 치장한 공주병 등 여성에게 적용되는 도식 안에서 내 자리를 찾아보려고 고군분투했다. 사랑을 갈구했고, 여자 친구들과의 관계와 여성혐오 사이에서 줄타기하며, 평가받는 동시에 평가받지 않기 위해 남을 평가했다.

앞으로 이 책에 등장할 상황들은 아마 다들 꽤 익숙할 거라고 생각한다. 안타깝게도 현실이 그렇다. 어째서 같은 여성들조차도 서로를 호의적으로 대하거나 인정하기보다는 경쟁자나 적으로 바라보는지 지금부터 알아보자. 누군가는 거부하고 빠져나오려 하지만 다른 누군가는 온 힘을 다해 유지하려고 하는 여성에게 덧씌우는 프레임에 대해 이야기할 차례다.

드라마퀸

: 여성은 감정적이라는 말

감정이라는 것은 피곤하다. 무언가가 피곤하다고 생각하는 것 자체가 피곤한 일이다. 감정은 짜증 섞인 한숨을 쉬게 하고, 어쩔 땐 제 자신을 견디기 힘들게 만들기도 한다. 속으로 '그만 좀 울어, 드라마퀸도 아니고!'라며 나무라게 만든다. '걸스 캔 두 애니띵Girls can do anything'이라지만, 여자들이 피곤하게 구는 것만큼은 절대로 안 된다고 배웠다. 바비 인형처럼 밝고 긍정적으로 살면 주변 사람도 편안해지고, 물론 자신한테도 좋은 일이란다. 조지 오웰의 《동물 농장》에서 나오는 "모든 동물은 평등하다. 그러나 어떤 동물은 다른 동물들보다 더 평등하다"라는 말이 이 상황에 딱 맞는다.

무슨 말이 더 필요하겠는가? 이 말을 들으면 고등학교

시절 화장실에서 우두커니 서 있던 때의 감정이 스멀스멀 떠오른다. "타라야, 왜 그렇게 피곤하게 사니"라는 선생님의 말을 아직도 잊지 못했고 앞으로도 결코 잊지 못할 것 같다. 이 말을 한 번만 들은 게 아니니 쉽게 잊을 수 없는 것도 당연하다. 선생님은 내가 나를 피곤하게 만든다고 했다. 하지만 나는 당시 부당한 일을 당했기에 그저 내 의견을 말하려고 했을 뿐이었다.

우리는 임금이나 연금이 불공정할 때도 부당하다는 말을 쓰지만, 자신이 충분히 존중받지 못한다고 느낄 때도 부당하다 말한다. 그리고 존중이 부족하다는 감각은 성별이나 피부색으로 인한 차별뿐 아니라, 단순히 치킨 맛 감자 칩보다 쿠스쿠스(튀니지, 모로코 등 북아프리카에서 먹는 주식으로, 밀을 좁쌀 크기로 빚어 만든 음식—옮긴이)를 좋아한다는 이유만으로 차별받는 경우에도 발생한다. 모두 부당하다고 충분히 느낄 수 있는 상황들이다. 그런데 이런 일을 겪을 때마다 "타라 말이 옳을 수도 있겠네"보다 "쟤 또 따지려 드네"라는 말을 더 많이 들으며 살아왔다. 실제로 옳은 것과 옳다고 인정받는 것은 다르다. 그리고 이 둘 사이의 간극은 엄청나게 크다.

부당하다고 외치는 나의 말을 아무도 진지하게 들어주지 않을 때면 아무리 꾹꾹 눌러봐도 억울해서 눈물이 났다. 화가 나서 흐르는 눈물이었지만, 사람들은 내가 슬퍼서 운다고 생각했다. 그리고 이런 나의 분노의 눈물을 별것 아닌 일을 감정적으로 크게 부풀려 받아들이는 '드라마퀸' 같은 행동이라고 여겼다.

드라마퀸 납셨네!

드라마퀸이라는 말을 들으면 다음의 이미지가 떠오른다. 드라마 속 주인공처럼 불량하게 껌을 씹다가 휙 돌아서서 짜증 섞인 표정으로 눈을 굴리는 여자. 드라마퀸은 옛날 하이틴 로맨스 영화에 등장하는 소위 '잘나가는' 남자애들의 단골 대사였는데, 그땐 나도 그렇게 행동하는 여자들이 진짜 있다고 생각했다.

지금은 시대가 달라졌다. 드라마퀸은 여성들이 느끼는 정당한 감정을 깎아내리기 위해 사용하는 말이다. 이제는 여성의 감정을 온전히 인정하고, 그 감정을 바라보려 노력해야 하고, 바라봐야 하는 시대다.

그러나 당시 분노의 눈물을 흘리던 타라는 열일곱 살이었다. 분명 지금과는 다른 시대였다. 교실 뒤에서 시끄럽게 소란을 피우는 레오니 같은 여자애들을 보며 '나는 쟤들이랑은 다르지' 하는 생각에 우쭐했을 뿐, 레오니가 왜 화를 내는지는 관심조차 없었다. 당시 레오니는 충분히 열받고도 남을 상황이었다. 이미 수차례 거절 의사를 밝혔음에도 같은 반이었던 다니엘이 데이트를 하자고 끊임없이 추근댔으니 화가 날 수밖에. 그런데도 나는 레오니를 보면서 '또 왜 저래?'라는 생각뿐이었다. 심지어 다니엘처럼 인기 많은 애가 너한테 관심을 가져준다는데 기뻐해야 마땅한 게 아니냐는 생각도 했다. 여자란 언제나 감정적이고 관심을 끌기 위해 과한 행동을 하며 모두의 주목을 받을 때까지 시끄럽게 구는 족속이지만, 나는 그들과 다르고 절대 그런 식으로는 행동하지 않으니 다행이라고 여겼다.

심지어 나는 학생 커뮤니티 중에서도 '우월한 아웃사이더' 게시판에서 활동했다. 반면 우리 반 여자애들이 주로 활동하던 게시판은 '사랑과 연애'였다. 커뮤니티 활동은 꽤 재미있었지만★, 돌이켜 생각해 보면 그런 게시판에서 활동했다는 자체가 부끄럽다. 내가 다른 여자애들보다 낫다는 우월감과 무시가 깔려 있었기 때문이다.

우습지만 그 당시 나는 레오니처럼 행동하는 게 정말 잘못된 태도라고 생각했다. 내 멋대로 다른 여자애들을 평가한 것이다. 아무리 어리고 잘 몰라서 그랬다고 해도 남성이 추근

★   나는 사람들이 속한 집단에 따라 그들을 분류했고, 누가 나와 웃음 코드가 맞을지도 구분하곤 했다. 네, 매력적으로 들리진 않겠지만 사실입니다.

대는 것의 책임을 오히려 여성에게 전가하다니 지금 생각하면 용서할 수 없고 매우 부끄러운 일이다. 여성은 과하게 반응한다거나, 꽤 괜찮게 생긴 남성이 좋아해 주면 감사해야 한다는 생각은 도대체 어디서 나왔을까?

'글쎄···'는 '좋다'가 아니라는 놀라운 사실!

성숙한 사회에서 합의는 상식이다. 커피를 마시든, 영화관에 가든, 섹스를 하든 무언가를 함께할 때는 서로의 동의가 필요하다. 그런데 이것이 정말로 당연한 상식이라면, 왜 지금도 동의 없는 성관계는 강간임을 알리는 '#여전히묻지않는다 stillnotaskingforit' 같은 해시태그 운동이 이루어지는 걸까?

'#여전히묻지않는다'는 호주의 사진작가 로리 밴웰Rory Banwell이 미투 운동처럼 사회적 문제에 대한 관심을 촉구하기 위해 시작됐다.[3] 이 운동의 핵심은 여성이 온라인이나 오프라인에서 어떤 행동을 취하든 그것이 남성에게 그 여성을 만지거나 희롱할 권리가 될 수 없다는 것이다. 짧은 치마를 입거나, 술에 잔뜩 취하거나, 또는 그 여성이 유혹한다 하더라도 정말로 '좋다'고 동의하기 전까지는 동의한 것이 아니라는 말이다.

　　스물두 살이라는 나이는 원래 묘한 시기다. 그리고 내가 스물두 살 때 나의 가장 친한 친구는 정말 묘한 시기를 겪고 있었다. 당시 친구는 앞으로 무슨 일을 하며 살아가야 할지 확신하지 못하고 있었다. 어떤 나라에 살고 싶은지는 고사하고 어떤 도시에 살고 싶은지, 자신이 어떤 사람인지도 아직 갈피를 잡지 못해 혼란스러워했다.

　　친구에게는 사귄 지 얼마 되지 않은 남자 친구가 있었다. 내가 "이건 좋아! 이건 싫어!"라며 매사에 빠르고 급진적인 결정을 내리는 데 비해 나의 친구는 남자 친구에 대해서도 확신하지 못하고 있었다. 데이트를 하고 돌아올 때마다 남자 친구가 정말로 자신을 좋아하는지 모르겠다며 불안하다는 이야기를 했다. 그가 자기에게 관심이 있는 건 맞지만 데이트 중에 친구들이 부르면 바로 떠나버린다는 것이 이유였다.

　　Z세대들이 이야기하듯, 관심이란 연애에 있어 최소한 기본 중에 기본이지 상대방의 장점이나 매력 포인트가 아니다. 나는 남자 친구가 좋아하는 마음에 확신을 주지 않는다면 그건 결국 정말로 좋아하는 게 아니라고 확신했다. 하지만 아무리 친하다고 해도 내 생각을 강요할 순 없었다. 우정을 유지

하는 데에 딱히 좋은 방법은 아니니까. 내가 할 수 있는 건 친구의 말을 들어주고 이 관계를 유지할 것인지 아니면 끝낼 것인지를 함께 고민하는 거였다. 물론, 답은 이미 나와 있었지만.

얼마 후 두 사람은 데이트를 더 자주 하기 시작했다. 그러던 어느 날 친구가 나에게 전화를 걸었다. 친구의 목소리를 듣자마자 무언가 잘못되었다는 것을 직감할 수 있었다. 목소리는 힘이 없고 지쳐 있었다. 뭔가 압도당한 목소리였다. 정황은 알 수 없지만 상황이 더욱 나빠졌다고 짐작할 수 있었다. 친구는 내가 아무리 닦달해도 그와 잤을 뿐, 나쁜 일은 전혀 없었다고만 이야기했다.

"걔가 너한테 나쁜 짓 한 건 아니지?" 나는 조심스럽게 물었다.

지금도 그 말들을 입으로 내뱉던 순간이 생생하다. 피가 심장에서 목구멍으로 치솟는 기분이었다.

"아니, 아니. 나도 원해서 한 거야."

친구의 목소리는 더 지친 것 같았다. 나는 그 말을 믿지 않았다.

"너 지금 겁에 질린 목소리야."

친구는 아무런 말이 없었다.

"너도 좋다고 말했어?"

"싫다고 말하지는 않았어." 친구의 그 대답에 마음이 찢어지는 기분이었다.

친구와 내가 '싫다고 말하지 않았다'라는 말이 정확히 어떤 의미인지 깨달은 것은 몇 년이 지난 후였다.

누군가 당신에게 무언가를 반복해서 요구하고, 강요하고, 죄책감을 유발해 원하는 바를 얻어낸다면 그것은 '동의'가 아니다. 거절하기에 너무 늦었다는 느낌을 받을 수 있다. 어쩐지 의무감이 들 수 있다. 이 거절로 관계가 틀어지거나, "이런 식으로 나오면 안 되지"라거나 "오버하지 마"라는 말을 들을까 두려워 싫다고 말하지 못하는 상황에 처할 수도 있다. 그렇다면 그것은 정당한 합의가 아니다.

내 친구는 당사자가 아니면 이 상황의 책임이 누구에게 있는지 알기 어렵다는 사실을 받아들이기가 가장 힘들었다고 한다. 누군가는 친구에게 의사 표현을 분명히 했으면 되지 않았느냐며 친구를 나무랐고, 다른 누군가는 그 남자가 눈치껏 그만했어야 한다고 떠들었다.

나는 뭐라고 했냐고? 아무 말도 하지 않았다. 하지만 궁금한 것은 많았다. 이 사회가 여성들에게 무슨 짓을 했기에 우리가 그토록 거절을 두려워하게 되었는지 궁금했다. 왜 그 누구도 우리에게 확실하게 '좋다'고 말하는 것만이 진정한 동의라는 것을 가르쳐주지 않았는지도 궁금했다. 여자들이 단지 성관계를 거부한다는 이유만으로 왜 비싼 척하는 못된 년이 되는지도 궁금했다.

이런 논쟁이 오늘날 여전히 지속되고 있다는 점만 봐도 사회는 우리가 기대했던 만큼 성숙하지 않았다는 것을 알 수 있다. 지금도 틱톡이나 인스타그램에서는 노출이 있는 옷을 입은 여성은 결국 목적이 뻔한 거 아니냐고, 그게 아니라면 뭐 하러 저런 옷을 입겠냐고 말하는 반응을 흔하게 찾아볼 수 있다. 노출이 있는 옷을 입는다고 해서 당연히 성적으로 개방적일 거라고 생각하는 것은 우리 사회 규범에 깊이 자리 잡은 잘못된 믿음이며, 이 믿음은 성차별적이자 여성혐오적이다.

잠깐, 여성혐오라는 말이 이미 여러 번 등장했는데 여성혐오가 대체 무엇일까?

우리 마음속
깊이 뿌리 내린
여성혐오

　'미소지니Misogyny'라는 단어를 처음 접했을 때는 어떻게 읽어야 할지 감도 오지 않았다. 딱 봐도 생김새가 복잡하게 생겨서 제대로 읽지도 않고 대충 글자 모양으로 파악하는 그런 단어가 있지 않나? 예를 들면 '부동산거래허가관할이전규정' 같은 단어? 너무 어렵다고? 그러면 토지대장 어쩌고, 아니면 내면 어쩌고 여성 어쩌고 하는 그런 단어들.

　시간이 지날수록 미소지니라는 말을 점점 더 자주 접하게 되었고, 그러다가 그 말이 실제로 어떤 의미인지 알게 되었다. 그 순간, 마치 범행 현장에서 딱 걸린 범인이 된 기분이었다.

　내면화된 미소지니란 여성에 대한 차별과 혐오가 우리의 무의식에 존재한다는 의미다. 보통 미소지니라는 말을 들으면 길을 지나가는 여성을 향해 "이 멍청한 년들!"이라고 소리치는 미친 상황만을 상상하겠지만, 내면화된 미소지니란 일상에서 미묘한 방식으로 빈번하게 이루어지는 혐오다. 이 다층성 때문에 나는 여성혐오라고 번역하기보다는 원어 그대로 미소지니라고 말하는 편을 선호한다. 하지만 이 책에서는 편의상 대놓고 여성을 혐오하는 발언이든 내면화된 미소지니든 '여성혐오'라고 통일하여 부르려고 한다. 왜냐하면 내면화되어 미묘하게 나타나든 노골적으로 드러나든 결국 여성에 대한 멸시나 혐오라는 점은 똑같기 때문이다.

여성혐오는 특정한 여성에 대한 것이 아니라 여성 전부를 대상으로 한다. 특히 트랜스여성이나 유색인종, 장애가 있는 여성은 일상생활에서 겪는 차별적인 경험과 더불어 여성혐오적인 사회구조에 의한 제한과 때로는 모욕 속에서 이중 억압을 받으며 살아간다.

인종차별이나 편견처럼 여성혐오도 사회화 과정에서 우리에게 주입되어 우리의 행동과 사고에 영향을 미친다. 여성이 남성에 비해 열등하다는 사고방식이 우리 안에 내재하게 된 것은 우리가 살아가는 사회의 가부장난적★ 구조와 관련이 깊다. 내 말을 부정하고 나는 가부장제와는 거리가 먼 사람이

★ 나는 가부장적patriarchal이라는 복잡한 단어를 굳이 똑바로 쓰겠다고 시간을 들이고 싶지 않다.

라고 아무리 주장해도, 여성혐오적인 사고방식이 전혀 없다고는 말할 수 없다. 역사 속에서 세계는 대부분 가부장제 담론 아래 있었고, 남성을 위해 설계되었기 때문이다. 권력을 가진 남성, 결정권을 가진 남성, 여성을 자신의 소유물로 생각해 돌봄을 요구하는 남성, 여가 시간은 자신을 위해 쓰라는 남성, 감정을 요구하는 남성, 신체를 요구할 수 있다고 생각하는 남성을 위해 만들어진 세계다.

다 옛날 얘기지, 요즘은 안 그렇다고? 나도 제발 그랬으면 좋겠다.

여성혐오가 여전히 진행 중이라는 사실을 보여준 극단적인 사례가 있다. 2014년 미국 캘리포니아주의 산타바바라 아일라비스타에서 스물두 살의 엘리엇 로저Elliot Rodger가 총기를 난사해 6명을 살해하고, 14명에게 부상 입힌 뒤 자살한 사건이 발생했다. 이 사건이 여성혐오와 어떤 관련이 있냐고? 로저는 범행 전에 이 끔찍한 범행 계획을 정당화하는 141쪽짜리 선언문을 작성했고, 이 글은 예상하다시피 아주 여성혐오적이었다. "살아가며 그토록 원했지만 가질 수 없었으며, 나를 모욕하고 싫어했던 그 모든 아름다운 여성들을 내가 파괴할 것이다. (…) 나는 그들을 모두 죽이고 그들이 나를 고통스럽게 만든 것처럼 그들을 고통스럽게 만들 것이다."[4]

그의 범행은 수많은 모방 범죄를 낳았다. 2018년 캐나다 토론토에서 스물다섯 살의 알렉 미나시안Alek Minassian이 차를 몰고 돌진해 10명을 숨지게 하고 16명에게 부상을 입힌 사건도 그중 하나였다.[5] 그 역시 성 경험이 없는 좌절과 여성에게 거부당한 것을 범행 동기로 삼았다. 실제로 사상자 대부분이 여성이었다.

이 두 사건 외에도 여성을 대상으로 한 수많은 범죄가 있었다. 이런 범죄의 잔혹성을 살펴보면 남성이 여성을 어느 정도까지 극도로 증오할 수 있는지와 함께 자신에게 여성을 가질 권리가 있다고 생각하는 남성이 여전히 많다는 걸 알 수 있다. 이처럼 여성에게 가해지는 폭력은 여성이 거절하기를 두려워하며, 거절할 때도 남성의 마음을 상하게 하지 않으려고 조심하는 원인이 된다. 여성이 남성에게 관심이 없다고 말을 했을 때 '그래, 알겠어. 잘 지내!'로 끝나지 않는 경우가 많고, 최악의 경우 거절의 대가는 목숨이 되기 때문이다.

앞서 언급했던 것처럼 여성혐오가 무차별 살인과 같은 극명한 폭력성으로만 나타나는 것도 아니다. 대부분의 여성혐오는 은연중에 나타난다. 그렇기 때문에 여성혐오는 자세히 살펴보고 객관적인 수치와 사실로 증명해야 하며, 어떠한 변명도 하지 않겠다는 마음가짐으로 들여다보아야 확인할 수 있다. 예를 들어 독일에 여성 임원 할당제 같은 정책이 있어도 실제 여성 임원의 수는 남성 임원에 비해 턱없이 적다. 참고로 2021년 기준 독일 기업에 여성 임원의 비중은 29퍼센트에 불과했다.[6] 또 여성에 대한 범죄는 대부분 연인이나 헤어진 연인 관계에서 발생한다. 심지어 여성이 출산 및 양육을 거부하거나 돌봄 노동에 대한 합당한 대가를 요구하기만 해도 비정상적이고 이기적인 행동이라는 소리를 듣는다. 여성이라는 이유로 살해당한다는 뜻의 '페미사이드Femicide'라는 용어가 존재하는 것도 결코 우연이 아니다. 앞서 언급한 모든 사례들이 여성혐오다.

여성들은 드라마퀸이기 때문에 남성인 친구들이 더 편하다는 주장도 여성혐오다. 핑크는 단순하고 멍청한 여자의 색깔이라면서 바보 취급하는 것도 여성혐오다. 전 남자 친구의 새 여자 친구라는 그 이유만으로 여성을 미워하는 것도 여성혐오다. 여성들이 경쟁을 하지 않는 상황에서도 서로 경쟁의식을 느끼는 것도 여성혐오 때문이다. 만일 당신이 '그래도 여성들과 지내는 게 훨씬 더 피곤하고 짜증나는 것은 팩트'라고 생각한다면, 안타깝지만 그것도 여성혐오다. 이것이 바로 내면화된 여성혐오다.

무언가에 오랫동안 노출되면 실제 우리의 생각과는 관계없이 그것이 사실이라 믿게 되는데, 심리학에서는 '무의식적 편향' 또는 '인지 왜곡'이라고 부른다. 나도 그런 사람 중 하나였다. '여성들은 드라마를 너무 많이 만든다'는 말은 나의 무의식 속에 깊이 자리 잡은 만트라가 되었다. 계속해서 그런 말을 듣는 상황에서 실제로 여성과 마찰이 생기기라도 하면 나의 편견은 더욱 공고해졌다.

이 세계에서 여성혐오 없이 살아가는 것은 불가능하다. 다른 사람들과 마찬가지로 나도 어릴 때부터 여성들이 문제라고 배우며 자랐다. 눈물이 많고, 불안해하고, 유약한 것은 여성적이고 나쁜 것이니 나는 그러지 않아야 한다고 생각했다. 내가 가진 편견을 깨닫고 또 그것을 인정하기는 쉽지 않다. 특히 그 편견이 우리의 내면 깊숙한 곳에 있어 인식하지 못한다면 더욱 그렇다.

나는 내가 편견이 없는 사람이라고 생각하며 살아왔다. 하지만 동시에 여성들은 원래 과하고, 시끄럽고, 피곤한 존재라고 생각했다. 그냥 그런 생각을 했을 뿐 정말로 나쁜 의미에서 여성을 미워한 것은 아니었지만 생각해 보면 이 자체가 편견이었다. 세대에서 세대를 거쳐 전해져 내려온 여성혐오가 나의 내면에도 굳게 자리 잡고 있었다.

우리 엄마는 여성보다 남성과 친하게 지내는 편을 선호하는 사람이었다. 할머니도 영화에서 여성이 비명을 지르는 장면을 볼 때마다 대놓고 싫은 티를 내며 "유리 깨지는 소리"라고 했는데, 여덟 살이었던 나는 할머니 옆에 앉아 그 말에 고개를 끄덕이곤 했다. 감독과 각본가는 주로 남성이고 이들이 여성들을 시끄럽고 불쾌한 존재로 묘사했기 때문에 대부분의 영화에서 여성이 미운 모습으로 표현되었다는 사실을 여덟 살짜리가 감히 짐작이나 할 수 있었을까!

나는 아주 어렸을 때부터 "여자들은 도대체 무슨 말을 하는지 알 수가 없어"라는 말을 입에 달고 살았다. 그리고 같은 생각을 가진 여자인 친구를 찾으려 애썼다. 물론 그런 애들이 일단 있어야 가능한 일이었겠지만. 그래서 여자 친구들과는 여럿이 만나는 일이 거의 없었던 것 같다.

학창 시절에 여자아이들 무리가 점점 커지던 상황이 있었다. 고등학교 졸업 직전이었는데, 아마도 열여덟 살에서 열아홉 살 정도였을 것이다. 아직 어른은 아니지만, 아이는 더욱 아닌 나이였다. 서로가 어떤 사람인지를 열심히 탐색하던 시절, 나는 어떤 아이와 친구가 되었다. 하지만 그 아이가 속했던 여자애들 무리가 점차 커지자 나 말고도 그 친구와 관심사가 같은 아이들이 많으며, 그중에서도 특히 그 친구를 아끼는 사람들이 많다는 사실에 질투가 났다.

다른 여성들과 친하게 지내는 여성. 하지만 혼란스러웠던 내가 취할 수 있는 행동은 그 친구와 거리를 두는 것뿐이었다. 내가 여타 많은 것들을 후회하듯, 당시 내가 했던 행동도 그중 하나다. 나는 그때 여성들이 활기차고 즐겁고 긍정적인 모습이 거슬렸다. 여자아이들이 큰 소리로 웃으면 바보 같아 보인다고 생각했고, 그들의 면전에 대고 '생각이 있긴 하니?'나 '매니큐어 칠하는 것 말고 할 줄 아는 게 있긴 해?'라는 말을 던지고 싶었다.

하지만 그중에서 매번 손톱에 매니큐어를 칠했던 것은 나뿐이었다는 것을 생각하면 엄청난 이중 잣대였다.

나는 왜 그랬을까? 다른 여자아이들은 더불어 즐겁게 지내고 있었는데 나는 왜 그걸 견딜 수 없었을까? 그 시절 나는 부모님의 이혼으로 인해 전학을 왔기 때문에 기존 무리에 들어가기가 힘들고, 전학생은 어차피 아웃사이더가 될 운명이라고 생각했던 것 같다. 하지만 이는 스스로를 속이는 거짓말이었다. 사실은 그냥 함께 어울리고 싶지 않았다. 나는 아웃사이더가 되고 싶었다. 어리석게도 그 이미지가 마음에 들었다. 적어도 내가 봤던 영화에서 그려지던 아웃사이더의 모습만을 봤을 때는 멋져 보였다.

아직 하고 싶은 말이 많이 남아 있다. 내가 어째서 오랫동안 여성혐오를 실천하다 못해 대놓고 전시하기까지 했는지를 낱낱이 보여주고자 한다. 나는 내가 하는 일이 옳다고 여겼을 뿐만 아니라 좋은 일이라고까지 생각했다. 하지만 그때의 나는 완전히 틀렸다고 비로소 말할 수 있다.

나는
남들과 달라

1999년에 개봉한 영화 〈쉬즈 올 댓〉은 나의 세계를 완전히 바꿔버렸다. 나는 아홉 살★이었고, 여성으로 사는 일의 의미를 점차 깨닫기 시작할 무렵이었다. 하지만 그 의미를 제대로 이해하기 시작한 것은 그로부터 조금 더 지난 열한 살이나 열두 살 무렵이었다. 그래도 이 영화는 정말 재미있었다.

내 방에 놓인 미니 마우스 책상에 앉아 '와, 안경을 벗으면 사람이 진짜 달라지는구나. 안경을 벗는 것만으로 레이니가 저렇게 예뻐졌어!' 하고 생각했다. 나는 안경을 쓰지 않았기 때문에 주인공이 안경을 벗고 '짠!'하며 갑자기 예쁜 모습으로

★   혹시 궁금한 사람이 있을까 봐 말하자면, 나는 1999년 9월 9일에 아홉 살이었다.

변신했을 때도 실제로 안경을 쓰는 사람들이 어떤 기분일지는 전혀 생각하지 못했다. 글쎄, 차라리 모르는 게 다행이었을까?

〈쉬즈 올 댓〉을 모르는 분들을 위해 잠시 설명하자면 영화 제작사에서 써놓은 공식 줄거리는 이렇다. 해리슨고등학교 최고의 킹카 잭 사일러는 여자 친구이자 같은 학교 최고의 퀸카인 테일러 본에게 차인다. 잭은 전 여자 친구가 잘나간 이유는 자신이 킹카였기 때문이라면서 화를 내다가, 갑자기 자기가 어떤 여학생이든 졸업 파티 퀸으로 만들어버리겠다며 내기를 한다. 그리고 아웃사이더인 레이니 보그스를 내기의 대상으로 선택한다. 이야기가 진행되면서 잭의 도움으로 레이니의 외모는 점점 변해간다. 레이니는 점차 자기 자신을 더 표현하게 되고, 친구들을 사귀었지만 잭과 함께 졸업 파티에는 가지 않는다. 방법은 조금 달랐지만 결국 잭과 어울릴 만한 인기 있는 여학생이 된다는 이야기다.

지금부터는 〈쉬즈 올 댓〉을 설명하는 나의 줄거리다. 뭐가 됐든 교내 구기 종목 선수이자 당연히 그중 최고의 선수인 전형적인 꽃미남이 학교에서 가장 예쁜 여자 친구에게 차이고 만다. 여자에게 차인다는 것은 그의 남성성과 연약한 자아로는 도무지 받아들일 수 없는 일이었다. 잭은 본인이 차였다는 사실을 못 견디는데, 전 여자 친구와 다시 만나고 싶다기보다는 내가 원하는 여자라면 '누구든' 가질 수 있음을 보여주기 위해 학교에서 아무 여학생이나 꼬셔내려고 할 정도다. 그렇다면 잭이 고른 여학생은 과연 누굴까? 그의 우월함을 뽐내기에 충분한 제일 못생긴 여학생이다. 여기서 잠깐, 레이니가 정말 미운 오리 새끼라는 말은 아니다. 아름다움이란 결국 주관적인 것이고 사회구조, 학습, 시대 등의 조건에 따라 크게 달라진다. 갑자기 화가 나서 좀 멀리 나간 것 같은데, 아름다움에 관해서는 다른 책들에서 자세하게 설명하고 있으니 참고하시라.

여하튼 레이니는 묶었던 머리를 풀고 안경을 벗기만 했을 뿐인데 주변 사람들이 알아보지 못할 정도로 아름다워진다. 이 영화의 감독인 로버트 이스코브Robert Iscove는 영화 말미에서 '사실 외모는 그렇게 중요하지 않아. 봐, 이 둘은 진짜 서로를 좋아하잖아!' 하고 반전이라고 할 것도 없는 반전 메시지를 한번 주고 싶었는지, 레이니와 잭은 함께 졸업 파티에 가지 않기로 한다. 물론 진짜 마지막의 마지막에는 졸업 파티에 가는 흥미진진한 전개가 이어진다.

이제는 솔직하게 말할 수 있을 것 같다. 내가 이 영화를 보면서 얼마나 화가 치밀었는지. 여성을 향한 고정관념에 얼마나 분노했는지. 인기를 얻으려면 결국 안경을 벗어야 한다는 메시지가 여성들에게 전달되는 사실이 얼마나 슬펐는지. 하지만 더 슬픈 사실은 이 영화를 처음 보았을 때는 화가 나지 않았다는 것이다. 오히려 질투를 했다.

킹카였던 잭의 선택을 받아 외모 변신에 성공해서 부럽고 질투가 난 게 아니라 레이니가 아웃사이더여서 부러웠다. 여자애들 무리와 웃으며 어울리거나 함께 매니큐어를 칠하는 대신 '어차피 너희들은 나를 이해하지 못해'라는 듯 구석에 앉아 담배를 피우며 고전을 모서리가 닳을 때까지 읽는 사람이 되고 싶었다. 그렇게 해서 겉모습을 가꾸는 일은 안중에도 없으며 책에만 몰두하는 사람인 척하고 싶었다. 나는 학교 가는 버스에 앉아 창밖을 아련하게 바라보는 데 도합 몇 시간을 소비했다. 사실 그 버스 노선이 지나는 시골 풍경은 늘상 똑같은 진흙밭이라 지루해 죽을 지경이었다는 것은 아무도 몰랐겠지만.

나는 다른 사람들의 농담에 크게 웃고 싶지 않았다. '남들과는 다른 신비한 타라' 이미지가 망가질까 봐 걱정했기 때문이다. 그런데 결정적인 문제는 내가 조용하게 있을 수 있는 사람이 아니었다는 것이다. 나는 부당함 앞에서 언제나 할 말이 참 많았다.

그때 내가 너무 시끄러웠다면 이 자리를 빌려 사과하겠다. 근데 사실 별로 미안하진 않다. 나는 평생을 시끄럽고 정신 사납고 피곤하게 군다는 이야기를 들으며 살아왔고, 어쩌면 그 말이 사실일 수도 있다. 그렇지만 의미 없는 규칙이나 차별을 공개적으로 지적하는 태도는 언제나 중요하다. '그냥 조용히 좀 있으면 안 될까?' 아니, 난 그럴 수 없었고 지금도 그럴 수 없다. 그냥 조용히 있기에는 우리 앞에 놓인 문제들이 산더미다.

아무튼 다시 본론으로 돌아가서, 말 많고 솔직한 내가 어떻게 과묵하고 신비로운 아웃사이더 이미지를 얻을 수 있었을까? 답은 간단하다. 아예 정반대로 시끄럽고 짜증나는 아웃사이더가 되면 된다. 내 별명은 '토론 타라'이거나 영화 〈반지의 제왕〉에 나오는 악역 '사우론'과 내 이름을 합친 '타론'이었고, '제발 입 좀 다물 수 없니'는 내 이름만큼 자주 들은 말이었다. 나는 과묵한 아웃사이더가 아니라 시끄러운 아웃사이더였다. 만약 내가 남자였다면 매사에 불만 많고 학교 복도를 걸으며 깊은 한숨을 쉬는 섹시한 나쁜 남자 취급을 받았을 것이다. 하지만 여자 아웃사이더인 타라는 그저 신경질적이고 피곤한 사람으로 여겨질 뿐이었다.

아웃사이더가 되고 싶다는 소망은 〈쉬즈 올 댓〉 같은 영화를 보며 더욱 강해졌다. 여자애들은 몰려다니면서 멍청하게 군다고 학습했기에 거기에 속하고 싶지 않았다. 그들과 어울리는 것이 부끄러운 일이자 나의 가치를 깎는 일이라고 생각했다. 전형적인 여성혐오적인 생각이었다.

안타깝게도 내가 자라면서 접한 대중문화 중 잘못된 여성상을 담고 있던 건 비단 〈쉬즈 올 댓〉만은 아니었다.

섹시한 년

데이비드 게타가 작곡하고 에이콘이 피처링한 〈섹시한 년Sexy Bitch〉은 2009년 전 세계 클럽을 강타했던 노래다. 나는 지금도 이 노래에 대한 기억이 생생하다. 당시 나는 막 스무 살이 되어 클럽 문화를 처음 접하기 시작했는데, 주로 리듬앤드블루스 음악에 맞춰 춤을 추었다. 사실 집에서는 주로 록 음악을 들었지만, 사람들에게는 내가 록 음악을 즐겨 듣는다는 사실을 알리고 싶지 않았다. 고등학교 시절 내내 언제나 검은 옷을 즐겨 입었고 좀 뚱뚱하고 키도 커서 젖소라는 별명이 따라붙었는데, 그 이미지를 막 극복한 참이었기 때문이다. 그래서 나는 도르트문트, 보훔 같은 도시뿐만 아니라 꽤 작지만 그래도 클럽은 있었던 빌레펠트까지 가서 좋아하지도 않는 음악에 맞춰 열심히 춤을 추었다. 좋아하지 않는 술을 마셨고, 클럽의 네온 조명에 반짝반짝 빛나는 젤 네일을 했다. 에이콘이 "무례하지 않게 이 여자를 묘사할 방법을 찾고 있어, 너는 섹시한 년이야, 섹시한 년I'm tryna find the words to describe this girl without being disrespectful, damn girl, you's a sexy bitch, a sexy bitch"이라는 가사를 뱉을 때도 목청껏 소리를 질렀다.

자, 에이콘은 결국 그 여성을 묘사할 다른 단어를 찾지 못한 것 같으니, 우리가 한번 생각해 보자. 제인 오스틴의 《오만과 편견》 느낌으로 포장해 보면 어떨까? 좋다, 우리는 여성을 '섹시한 년'처럼 무례하게 표현하지 않고도 묘사할 수 있는 방법을 찾은 것 같다.

지금 돌이켜 보면 고개를 절레절레 젓게 되는 가사다. 하지만 갓 스무 살이던 나는 그런 것은 안중에도 없었다. 그리고 안타깝게도 현재 대중음악의 상황 역시 그때와 크게 달라진 건 없다.

이러한 성차별적인 노래를 소리 높여 따라 했던 경험은 어려서 그랬다고 치자. 하지만 내 기억상 거기에는 서른이 넘어 보이는 사람들도 있었다. 그 사람들은 가사가 조금도 거슬리지 않았을까? 그렇지 않았을 것 같다. 왜냐하면 〈섹시한 년〉은 남녀 불문 나이 불문 수없이 많은 나라에서 굉장한 인기를 끌었기 때문이다. 성차별과 여성혐오로 가득한 노래는 이 노래뿐만이 아니다. 솔직히 그렇지 않은 노래를 찾는 게 훨씬 더 힘들다.

예술의 자유 좋아하고 있네

도저히 그냥 넘어갈 수 없는 말들이 미국[7]과 독일을 막론하고 전 세계 음악계와 힙합에서 용인되어 왔다. 특히 '년'과 같은 여성을 비하하는 표현이나 강간에 대한 묘사를 유독 좋아하는 장르가 하나 있다. 바로 랩이다. 오랫동안 이런 가사들은 예술의 자유라고 넘어갔지만, 최근에는 '여성을 모욕하고 비하하는 구조가 어째서 예술인가?' 하고 비판하는 목소리가 점차 커지고 있다. 2021년에 '#독일랩미투DeutschrapMeToo' 운동이 퍼지면서, 마침내 독일 음악 산업에 성차별적인 시선이 깃들어 있다는 주장도 제기되었다.

2018년에는 독일 최고 음악 시상식이었던 에코 뮤직 어워드가 폐지되기도 했다. 이 시상식에서 힙합 부문 상을 수상한 2인조 래퍼의 곡에 유대인을 혐오하는 가사가 포함돼 논란이 제기됐기 때문이었다.[8] 이 논란은 독일 문화 산업에 엄청난 타격을 주었고 권위 있는 시상식이 폐지되는 결과를 낳았다. 이게 올바른 수순이었다. 사람들에게 감정적으로 강렬한 인상을 준다고 해서 그것이 반드시 좋은 게 아니라는 걸 단적으로 보여준 사례다.

　대중문화 속 여성혐오는 영화나 드라마에서도 나타난다. 대개 좋아하는 캐릭터가 살해당하거나 윤리적으로 올바르지 않은 말을 했을 때 사람들은 충격을 받지만, 이내 그냥 영화일 뿐이라고 안도한다. 영화, 드라마, 대중음악에서는 종종 이런 기법을 사용할 수 있다. 예술의 자유라는 허울 좋은 방패막이 있기 때문이다. 이처럼 사람들에게 충격을 주어 강렬한 인상을 남기는 것을 '충격 효과Shock Value'9라고 한다. 그러나 특정 행동이나 말이 듣는 사람에게 강한 감정을 불러일으킨다고 해서 무결함이 보증되는 것은 아니다. 이를 무기 삼아 혐오를 거리낌 없이 분출하기도 하니까.

　"우리 엄마 말고 딴 여자들은 다 창녀야"라니, 참으로 듣도 보도 못한 획기적인 가사다. 왜 이딴 가사를 쓰는 걸까? 남들은 몰라주는 자기만의 고독한 길을 걸어간다고 착각이라도 하는 걸까? 이 가사를 본 나는 도무지 이해할 길이 없어 속으로 그렇게 생각했다. 창녀를 욕으로 사용하는 게 고루해서 미칠 지경이다. "나는 걔가 거의 죽을 때까지 했어. 걔 지금 혼수상태야" 같은 가사는 비정상적이고 재미도 없고 무엇보다도 좋지도 않은, 그저 여성혐오로 범벅인 의미 없는 말일 뿐이다. 이는 독일 래퍼 니모의 랩으로, 발매 후 얼마 지나지 않아 스

트리밍 서비스 제공이 금지되었다.[10]

노골적이지 않고 좋은 의도로 쓴 가사라 해도 유심히 들어보면 여성혐오를 담고 있는 경우도 있다. '다른 여자들과는 다른' 여성을 원한다거나 여성들은 어떠해야 한다는 관습적인 트로프Trope★를 담은 가사들이 그렇다.[11] 핵심은 '나의 그녀는 다른 여자들과는 다른 여성'이라는 것이다.

"걔는 구름 속에 살며 새들에게 말을 걸지. 바보 같은 어린애, 그녀는 다른 여자들과는 달라She lives in the clouds and talks to the birds, hopeless little one, she's not like the other girls"

밴드 더 라스무스의 〈다른 여자와는 달라Not like the other girls〉라는 노래의 후렴구다. 나는 열네 살 때 이 노래를 좋아해 줄곧 반복해서 들었고 그 가사에 맞춰 내 성격을 만들었다. 나는 몽환적인 사람으로 보이고 싶었다. 사람들이 나를 보고 '쟤는 동물과도 대화할 수 있을 것 같아. 몽환적이고 신비로운 아이야' 하고 생각해 주기를 바랐다. 여기서 동물이란 시골에서 흔히 볼 수 있는 다 큰 조랑말만큼이나 커다란 거미 같은 게 아니라 진짜 조랑말이나 어린 양, 또는 디즈니 공주처럼 내가 옷을 입는 것을 도와주는 새들을 말하는 거였다. 나는 온화한 사람으로 보이고 싶었다. 연약하고, 다가가기는 쉽지만, 곁을

★　트로프란 영화, 드라마, 문학 등에서 이야기를 구축하는 데 반복적으로 사용되어 사람들이 익숙하고 편하게 느끼는 반복적인 패턴을 말한다.

주지는 않는 그런 사람이 되고 싶었다.

안-크리스틴 트루스티Ann-Kristin Tlusty는 자신의 저서 《사랑스러운Süss》에서 영화, 책, 광고 포스터 속 여성성의 세 가지 환상을 온화한 여성, 연약한 여성, 사랑스러운 여성으로 분류했다. 온화한 여성이 기꺼이 집안일을 하고 헌신적으로 남을 돌본다면, 사랑스러운 여성은 아무 때나 성적으로 다루거나 마음대로 할 수 있는 여성이다. 반면에 연약한 여성은 자아가 없는, 다른 행성에서 떨어진 것처럼 연약하고 보호해야 하는 존재다.[12] 트루스티의 세 분류에서 골라본다면 나는 연약한 여성이 되고 싶었다. 그 이미지가 나의 실제 외모와 잘 맞는 편은 아니었지만 어쨌든 그랬다. 키 180센티미터에 넓은 골반으로는 연약한 사슴 같은 이미지를 도저히 연출할 수가 없었지만 어쨌든 그랬다. 특히 내가 입을 다무는 대신 사람들과 토론할 때면 더욱 그랬다. 경기가 시작하자마자 가장 먼저 뛰어나가는 사람? 내가 바로 그런 사람이었다.

이렇듯 나의 희망 사항은 현실과 충돌했다. 그런데 놀랍게도 다른 여자아이들과는 차별화된 사람이 되고 싶다는 마음만큼은 달라지지 않았다.

여자의 적은 여자?

'여자의 적은 여자'라는 말의 의미는 따로 설명할 필요가 없을 것이다. 이 말은 여자들 사이의 경쟁을 부추길 뿐만 아니라 내면화된 여성혐오까지 포함한다. 가장 쉽게 예시를 찾을 수 있는 곳은 영화 속 세계인데, 영화 속 여성 캐릭터들은 대개 라이벌 구도에 놓여 있거나 아니면 최소한 서로의 편은 아닌 관계로 그려진다.

어릴 적 재미있게 봤던 디즈니 영화들은 나에게 상당히 강한 인상을 남겼는데, 생각해 보면 그 영화들은 어떤 방식으로든 나의 인식에 영향을 끼쳤을 것이다. 나는 오랫동안 디즈니 영화에 나오는 여성들이 꽤 강인한 모습을 보여주었다고 굳게 믿고 있었다. 예를 들어 〈미녀와 야수〉의 벨이 야수를 통제하는 모습이나 야수의 외면 너머를 바라보는 모습이 멋지다고 생각했다. 그리고 〈뮬란〉도 있었다. 뮬란은 자기 아버지를 구하기 위해 전투에 용감하게 뛰어들었다. 이 정도면 꽤 괜찮지 않나? 나도 그렇게 생각했다. 영화의 성평등 수준을 평가하는 벡델 테스트Bechdel test가 오랫동안 붙어 있던 반창고를 떼어내듯 나의 모든 환상을 벗겨내고 이곳 역시 남성 지배적인 세계라는 현실을 낱낱이 밝혀주기 전까지는 그랬다.

벡델 테스트에 따라 〈뮬란〉을 살펴보자. 일단 영화 제목이 주인공의 이름인 '뮬란'이다. 영화의 주된 스토리도 뮬란이라는 인물을 비추며 진행된다. 하지만 〈뮬란〉에서 전체 대사의 절반 이상을 소유한 캐릭터는 뮬란과 동행하는 작은 용 '무슈'다. 무려 주인공인 뮬란의 대사보다도 많다.[13]

참고로 이것은 나의 개인적인 생각이 아니라 데이터를 통해 증명된 사실이다. 벡델 테스트로 2천 편이 넘는 시나리오를 종합적으로 분석한 연구 결과에 따르면, 디즈니 영화 30편 중 22편에서 여성 캐릭터의 대사 비율이 남성 캐릭터에 비해 현저히 낮았다. 〈토이 스토리〉에서는 남성 캐릭터의 비중이 무려 90퍼센트였다. 캐스팅 과정에서 배역에 맞는 여성을 찾지 못했다는 변명도 통하지 않는다. 등장인물이 모두 말하는 장난감들이기 때문이다.[14]

벡델 테스트로 보면 비극은 여성 캐릭터의 대사 비중이

적은 데에서 끝나지 않는다. 디즈니 영화에서는 여성들이 서로에 대하여 이야기하는 장면은 있지만, 서로 대화하는 장면은 거의 없다. 왜냐고? 여성들끼리 싸우는 것이 아니라 돕는 이야기를 보려는 사람이 없었기 때문이다. 실제로 계모와 딸 사이의 경쟁은 흔하디흔한 여자의 적은 여자라는 클리셰다. 〈신데렐라〉나 〈백설공주〉만 봐도 계모가 자기보다 예쁘고 젊은 여성이 존재한다는 두려움에 살인을 계획하는데, 이게 여성혐오가 아니라면 무엇이란 말인가.

이 테스트를 통과할 콘텐츠가 얼마나 될까?

그렇다면 벡델 테스트란 정확히 무엇일까? 작가이자 만화가인 앨리슨 벡델Alison Bechdel이 1985년 고안한 벡델 테스트는 여성 캐릭터가 영화에 등장하는지 여부와 그들을 묘사하는 방식을 평가해 영화 속에서 성평등이 얼마나 구현됐는지 계량하기 위해 만들어졌다.[15] 벡델 테스트에 통과하려면 다음 세 가지 기준을 충족해야 한다.

1. 이름을 가진 여성이 두 명 이상 등장하는가?
2. 이 여성들이 서로 대화하는 장면이 있는가?

3. 여성들이 남성이 아닌 다른 주제에 관하여 대화하는가?

비교적 최근에는 벡델 테스트를 보완해 '마코 모리 테스트'라는 것이 새로 등장했는데. 이 테스트에서는 적어도 한 명의 여성 캐릭터가 등장하는지, 해당 캐릭터에게 자신만의 이야기가 있는지, 그 이야기가 남성 캐릭터의 이야기를 뒷받침하는 데 그치지는 않는지를 묻고 있다. 그래, 나도 안다. 이렇게 기본적인 것까지도 일일이 이야기해야 하는 세상이다. 슬픈 사실은 대부분의 영화가 기본으로 보이는 벡델 테스트를 통과하지 못한다는 점이다. 〈해리포터〉 전편 탈락. 〈반지의 제왕〉 전편 탈락. 〈스타워즈〉 시리즈 6편까지 탈락.

예시로 든 영화에는 여성들이 등장하고, 그들의 존재가 우리의 눈에 보이기는 한다. 하지만 여성들이 부속품처럼 취급되는 영화가 여전히 많다. 그런 영화에서 여성들은 주로 장식품이나 액세서리 같은 존재로 그려지고, 남성 중심적인 이야기의 서사적 흐름을 뒷받침하는 데 그친다. 어쩌다 여성 캐릭터의 비중이 높아 벡델 테스트를 통과하더라도 여성들이 서로 다투는 내용인 경우도 적지 않다. 대놓고 말하면 〈분노의 질주〉가 그중 하나다.[16]

덕분에 대중문화는 여성이 드라마퀸이라는 고정관념을 오랫동안 유지할 수 있었다. 그러는 동안 나를 비롯해 많은 여성이 마침내 여성의 권리가 남성과 동등해졌다고 생각한 순간도 있었다. 2000년대 초반 팝스타 브리트니 스피어스와 크리스티나 아길레라가 등장했을 무렵이었다. 그들은 남성 팝스타가 번 돈보다 월등히 많진 않아도 얼추 비슷한 정도는 벌었는데, 그럼에도 불구하고 전례 없던 여성 팝스타의 등장은 드디어 우리가 해냈다는 생각마저 들게 했다. 당시 유행했던 잡지의 표지 모델은 대부분 여성들이 장식하기도 했다. 무려 옷을 입은 모습으로 말이다.

마치 양성평등이 실현이라도 된 양 떠들던 그때의 기억이 떠오른다. 동시에 신문 1면에 여성의 체중을 공개적으로 평가하는 기사가 실리던 기억도 생생하다. 출산한 지 3주 만에 늘씬해진 몸매를 자랑하는 연예인의 사진이 "출산 후에도 여전히 완벽한 모습!"이라는 제목을 달고 기사로 나왔다. 연예인이 아닌 사람들은 결코 도달할 수 없는 이상적인 모습이 각종 매체를 통해 계속해서 만들어졌고, 사람들은 자기의 몸을 이상향에 끼워 맞추려 갖은 노력을 다했다. 또 이상향에 가닿지 못한 자기 자신을 미워하게 되었다.

당시 내가 보고 듣는 모든 것들은 내게 분명한 메시지를 전달했다. 여성이라는 존재는 위대하다. 하지만 그러려면 필수적인 조건이 있다. 다른 여성들과는 차별화되고, 자연스러운 아름다움을 갖춰 선망의 대상이 되어야 한다는 것. 옆에 있

는 그 여성보다 더 돋보여 모든 남성이 갈망하는 여성이 되어
야 한다고 부추겼다.

　나를 비롯한 소녀들은 여성들도 원하는 것이 무엇이든
손에 넣을 수 있다는 말을 들으며 자랐다. 만약 꿈을 이루지
못했다면 그건 전적으로 충분히 원하지 않은 개인의 탓이었
다. 사람들은 "이것 봐, 저 사람들도 해냈잖아!"라며 브리트니
와 크리스티나를 예시로 들먹였다. 그들이 날씬한 금발의 백
인 특권층 여성이자 국가를 대표하는 얼굴이라는 사실은 싹
무시한 채 말이다. 그러는 동안 이 두 팝스타는 언제나 외모로
주목받았고, 그 외모로 인해, 그 외모에 대해, 때로는 외모가
변했다며 공개적으로 갈기갈기 찢겨나갔다.

　브리트니와 크리스티나가 신인 시절 서로 친했다는 사
실에 대해서는 어떤 매체에서도 관심이 없었다. 여성들에게
"왕관은 단 하나뿐"이라며 서로를 견제하고, 신경질적이고 적
대적이라는 이미지를 덧씌우는 걸 더 선호했기 때문이다.

　이런 이미지는 세상이 굴러가는 구조를 견고하게 지탱
해 주었다. 누구라도 이 견고한 구조에 균열이라도 일으킬 만
한 말이나 행동을 하면 그다음엔 지옥이 펼쳐졌다. 이상적이
라고 여겼던 인물이 더 이상 완벽하지 않다고 판단되면, 언론
은 공개적으로 이들이 이상하다거나 정신이 온전한지 의심된
다는 기사를 썼고, 팬들은 증오로 가득한 폭도로 돌변했다. 이

모든 소동 와중에도 언제나 여성이 존재했다. 아니 정확히 말하자면, 이제 여성은 독립적이고 자유로우며 해방되었다는 거짓말이 존재했다.

여성은 무엇이든 성취할 수 있고 무엇이든 말할 수 있다는 프로파간다가 널리 퍼졌지만 이내 해도 되는 것과 실제로 하는 것, 말해도 되는 것과 말하는 것 사이에는 엄청난 차이가 있다는 사실을 알 수 있었다. 그러자 내가 어떤 여성이 될 수 있는지, 또는 어떤 여성이 되고 싶은지조차 알 수 없게 되었다.

이후에 내가 비로소 여성에 대한 편견에서 벗어났을 때에도 여성에게 주어진 자유는 여전히 조건부였다. 이는 내가 여성에 대한 편견이 있었을 때나 없었을 때나, 다른 여성들과 다를 때나 비슷할 때나 똑같았다. 핑크를 좋아하든 싫어하든, 보이 그룹보다 록 음악을 더 좋아하든, 아니면 그 반대의 경우라도 마찬가지였다. 뭘 하든 옳은 게 아무 것도 없었다. 내가 무엇을 하든 언제나 부족하거나 틀렸고, 시끄럽고, 짜증나는 여자였다. 드라마퀸 아니면 좀 더 가벼운 수준의 드라마퀸일 뿐이었다. 그러자 나는 '이건 한마디 하고 넘어가야 해'와 '말을 해서 뭐 하겠어' 사이에서, '내가 입을 최대한 다물면 모든 사람이 나를 좋아할 텐데'와 '굳이 다른 사람들의 마음에 들려고 노력하고 싶지 않아' 사이에서 자주 흔들렸다.

인스타그램과 틱톡의 뷰티 필터가 요즘 세대에게 끼치

는 영향력이 바로 우리 세대에게 대중문화가 가지는 영향력이었다. 대중문화에서 그려내는 여성상은 십 대였던 내가 어떤 사람이 되고 싶은지 알 수 없도록 혼란스럽게 만드는 동시에 나에게는 무엇이든 될 수 있는 선택권이 없다는 것을 일깨워 주었다. 내게 주어진 선택지는 베이직걸 아니면 픽미걸뿐이었다.

2부

왜 여성들은 항상 더 많은 설명을 듣게 될까?

DRAMA
QUEEN

베이직걸: 유행만 따라가는 뻔한 여자

2010년대 초반 '베이직걸Basic Girl'이라는 신조어가 탄생했다. 베이직걸이란 펌킨 스파이스 라테나 아이스 커피, 핑크, 쇼핑, 네일 아트 등 소위 여자들이 좋아할 만한 뻔한 것들을 즐기는 여성을 말한다. 한마디로 여성을 깎아내리기 위해 만들어진 표현이다. 하지만 이 단어가 퍼져나갔을 때 사람들은 그냥 웃자고 하는 말이라며 가볍게 여겼다.

여성의 취향을 멸시하는 행위는 문화와 맥락을 관통해 오랫동안 이어져 왔다. 남성이 자동차나 축구에 관심이 있으면 그것은 가치 있는 취미이자 일반적인 남성들의 취향으로 여겨진다. 그 대상이 정말 흥미로운지 아닌지 판단하기보다 사회적으로 평범하게 받아들여지는 것이 우선이다. 반면 여성이 메이크업, 연애, 대중음악에 관심을 가진다고 상상해 보자. 여성스럽다는 말과 함께 자연스럽게 그 이면에 조금 모자라고 개성도 없으며 뻔한 여자라는 인상이 묻어나온다.

청소년 시절에는 새로운 매니큐어를 사거나 세일 기간에 쇼핑을 하는 평범한 일상에도 어쩐지 무시하는 시선이 따라붙었다. 열여덟 살, 열아홉 살, 스무 살, 스물한 살, 심지어 스물네 살이 될 때까지도 연애를 시작할 때면 상대방이 나를 소비에 집착하는 멍청한 여자로 생각할까 봐 두려워 쇼핑백이나 새 화장품을 숨기곤 했다. 즐겨 보던 〈가십걸〉 DVD 앞에 고전 소설을 세워 지성을 강조하는 동시에 내가 여성향 드라마를 본다는 사실을 숨기려고 했다.

내가 좋아하는 것들에는 항상 부정적인 이미지가 따라붙었고, 나는 취향에 대한 평가와 비난을 듣는 것이 두려웠다. 이처럼 여성스러운 것에는 수준이 낮고 단순하다는 꼬리표가 붙기 십상이었다. 그러나 이는 계급주의적인 생각일 뿐만 아니라 완전히 잘못된 생각이다. 물론 나도 〈가십걸〉이나 〈섹스 앤 더 시티〉가 예술적으로 작품성이 대단한 드라마가 아니라는 것은 잘 알고 있다. 하지만 고함을 지르는 관중들에게 둘러싸인 스물두 명이 공 하나를 쫓으면서 득점은 거의 내지도 못하는 그 스포츠도 첨단 과학이 아닌 것은 마찬가지지 않나?

이런 말을 하면 "네가 잘 몰라서 그래. 축구는 여자애한 테는 너무 어려우니까!"라는 대답이 돌아오는데, 그러면 더 이상 대화하고 싶은 마음조차 사라져 버린다.

반대 상황에 대해서도 생각해 보자. 여성이 축구와 같이 남성적이라고 생각되는 취향에 대해 이야기를 하거나 심지어 관심까지 보이면 어떻게 될까? 그런 여자들은 '픽미걸'이라는 소리를 들을 수도 있다. 아니, 픽미걸은 또 뭐야?

픽미걸: 다른 여자와 달리 개념 있는 여자

'픽미걸Pick Me Girl'은 베이직걸이 등장하고 몇 년 후에 지어진 신조어다. 내가 이 말을 처음 들었을 때는 2019년이었다. 픽미걸은 전파 속도가 빠른 틱톡이라는 플랫폼을 타고 들불처럼 퍼져나갔다.

픽미걸이란 자신이 돋보이기 위해 다른 여성들과 다르다는 것을 단호하게 강조하는 여성을 말한다. 남성들에게 "나를 봐줘, 선택해 줘, 사랑해 줘"★[17]라며 인정받기 위해 다른 여

★　'나를 봐줘, 선택해 줘, 사랑해 줘Pick me, choose me, love me'라는 문장은 미국 드라마 〈그레이 아나토미〉에서 나온 말이다.

성들을 깎아내리는 여성들이다. 다른 여성들과 자기를 차별화한다는 것은 참 뒷맛이 씁쓸한 일이다. 결국 같은 성의 사람들을 깔보는 행위도 전형적인 내면화된 여성혐오이기 때문이다.

오스트리아의 한 언론은 기사에서 픽미걸을 이렇게 정의했다.

"맥주를 즐겨 마시고 축구를 좋아한다면서 남성들과 어울리기를 가장 즐긴다. 여기저기서 애인이 있는 남자 친구와 시시덕거리고, 고등학교 졸업 파티에 갈 때는 무조건 드레스에 컨버스다. 요컨대, 이 여성들은 다른 여성들과 다르다고 스스로 차별화할 때 픽미걸이라고 불리며, 인터넷에서 이런 부류의 여성들은 혐오의 대상이 된다."[18]

여기에는 이해하기 힘든 부분이 있다. 여성이 남성의 환심을 사고 인정받기 위해 축구를 좋아한다거나 맥주를 즐겨마시는 것은, 물론 바람직한 것은 아니지만, 이 정의에 따르면일단은 괜찮은 일이다. 하지만 다른 여성들보다 자신이 낫다는 것을 증명하기 위해 좋아하지도 않는 축구를 좋아하는 척하고 맥주를 마신다면 그것은 혐오의 대상이 될 명분이 된단다.

그러면 여성들이 축구와 맥주를 정말로 좋아해서 그러는 거라면? 당연히 괜찮을 것 같다고 생각하겠지만 대부분 괜찮지 않게 된다. 여성들은 남성들이 좋아할 법한 취향에 관심을 보인다는 단지 그 이유만으로 곧바로 픽미걸이라 치부되고 깎아내려지기 때문이다.

우리는 도대체 어떤 세상에 살고 있는 걸까? 맞다. 이것
이 바로 우리가 살아가는 가부장적 세계의 현실이다. 따라서
여성이 남성에게, 사회에게, 그리고 심지어 같은 여성들에게
평가받지 않고 무언가를 좋아하기란 믿을 수 없을 만큼 복잡
하고 힘들다.

이렇게 픽미걸이라고 폄하된 여성이 다른 여성을 폄하
하고, 이런 행동이 다시 그 여성에 대한 혐오로 돌아오는 과정
에서 가부장제는 굳건해진다. 그럼 이런 구도에 갇혀버린 여
성들은 과연 무엇을 할 수 있을까? 궁극적인 해결책은 없다.
우리가 할 수 있는 유일한 한 가지는 우리 내면에 뿌리 깊은
여성혐오를 인정하고, 우리가 자기 자신을 포함해 다른 여성
들을 판단하고 평가하게 되는 상황에 자주 놓인다는 사실을
인지하는 것이다. 여기서부터 시작할 수 있다. 진부한 말이라
고 생각하는 사람도 있을 것이다. 하지만 막상 시도해 보면 그
리 쉽지 않다는 것을 깨닫게 된다.

내면화된 여성혐오와 성차별주의는 인류 역사를 관통하
는 유구한 생각이다. 그러니 다양한 문제를 발생시키는 근본
적인 원인을 하루아침에 바꿀 수 있다는 생각은 과도하다. 책
한 권이 바꿀 수 있다는 생각은 더욱 그렇다. 현실적이지도 않

을뿐더러 이 문제의 깊이를 무시하는 생각이다.

다시 한번 분명하게 말할 수 있는 건, 근본적인 변화를 일으킬 수 있는 유일한 방법이 깨달음과 성찰뿐이라는 것이다. 영화 〈맨 인 블랙〉의 기억 제거 장치야말로 가장 효과적인 방법이겠지만 우리 손에 없으니 지금은 논외로 하자. 깨달음과 성찰이란 전체적인 맥락을 이해하는 것이기도 하다. 그래서 다음 장에서는 여성혐오의 역사를 조금 더 깊이 파고들어, 여성혐오는 개인의 문제가 아니며 여성에 대한 내러티브 자체가 문제라는 것을 알아볼 것이다. 결론 먼저 말하자면 여성에 대한 편견에서 벗어나기란 역사적으로 불가능에 가깝다.

세상에서 가장 오래된 차별

자, 지금까지 문화와 사회에 대한 신뢰를 점점 잃어왔다면, 이제 한 방에 끝내버릴 차례다. 알고 보면 인류 역사 전체에 여성혐오가 만연했다는 사실을 곧 깨닫게 될 것이기 때문이다.

아일랜드의 저널리스트 잭 홀랜드Jack Holland는 저서《판도라의 딸들, 여성혐오의 역사》에서 "여성혐오의 역사는 오래된 만큼이나 유일무이한 증오에 관한 이야기며 아리스토텔레스와 잭 더 리퍼, 리어왕과 제임스 본드를 하나로 결속하는 역사다"라고 썼다.[19]

지구에서 가장 유명한 책인 성경을 한번 살펴보자. 성경에서는 인류의 근원에 대한 이야기뿐만 아니라 여성혐오의 기원에 대해서도 찾아볼 수 있다. 아담과 이브가 에덴동산에서 쫓겨나게 된 것은 누구의 책임일까? 정답, 이브! 결정적인 잘못은 이들을 가스라이팅하고 부추긴 뱀에게 있는 것이 아니라 대개 이브에게 있다고 여겨진다. 이브가 권한 선악과 때문에 아담이 낙원을 떠나야 했고, 결국 인간은 신의 노여움을 사게 되었기 때문이다. 이브가 '인간'인 아담의 갈비뼈 하나를 취해 만들어졌고, 아담과 더불어 살아가지만 그와 완전히 똑같은 모습으로 창조되지 않았다는 점은 굳이 한 번 더 설명하지 않아도 모두 아는 사실이다.

이 이야기에 담긴 메시지는 분명하다. 이 여자가 모조리 다 망쳐버렸다는 것이다. 이 여자 때문에 무고한 남성이 원초적인 고통을 겪게 되었고, 낙원에서 영원히 살아갈 기회도 빼앗겨 버렸다. 여성은 충동 조절 능력이 없어 남성보다 열등하다는 주장에 확고한 근거를 만들어주는 아주 훌륭한 이야기다.

작가 알렉산드라 지쿠노프Alexandra Zykunov는 《요즘에 차별이 어딨어!Wir sind doch alle längst gleichberechtigt!》에서 "가부장제는 5천 년이 넘게 이어져 오면서 우리의 일상은 물론 우리가 생각하고, 일하고, 감정을 느끼고, 사랑하고, 살아가는 방식을 결정해 왔다"라고 말했다.[20] 말 그대로다. 심히 극단적인 표현 아니냐고 생각할 수도 있겠지만, 이게 현실이다.

진화론의 창시자 다윈은 여성이 생물학적으로 남성보다 열등하다고 주장했다. 다윈에 의해 수컷의 적극성과 암컷의 소극성으로 이분화된 성은 이후 외도가 남성의 본능이라고 정당화하는 어처구니없는 주장에 힘을 실어주었다. 지금도 여전히 여성에게 휘파람을 불며 던지는 추파가 성희롱이 아니라 칭찬이라고 생각하는 남성들이 있다. 아니다. 그건 칭찬이 아니라 외설스럽고 무례한 행동이다.

또 여성들에게는 신경질적이라는 꼬리표가 따라붙었다. 자칭 '의사'들이 여성에게 히스테리 진단을 내리는 일이 빈번했기 때문이다. 여기서 한번 짚고 넘어가자. 히스테리는 단지 자궁이 있다는 이유만으로 발생하는 여성 질환이 아니다. 감사하게도 지그문트 프로이트가 이런 헛소문을 퍼뜨리는 데에 지대한 역할을 해주었다.

중세부터 근대 초기까지 수많은 여성이 자기 의견이 있다는 이유로, 지식이 있다는 이유로, 머리카락의 색깔이 빨갛다는 이유로, 그리고 클리토리스가 있다는 이유만으로 마녀로 몰려 화형을 당했다. 다들 알겠지만 남성들은 항상 이 클리토리스를 잘 찾지 못하는데, 15세기 후반부터 18세기 사이에만 약 6만 명이 마녀사냥당했다고 추정하는 것을 보면, 어쨌든 그때는 꽤 잘 찾았던 것 같다.[21] 이때에 비하면 근대 이후의 여성들은 꽤 운이 좋은 편이었다. 그때는 최소한 여성이 이혼

할 때만 클리토리스를 잘랐으니 말이다.★²² 더 끔찍한 얘기들은 접어두고 빠르게 넘어가자.

역사의 기록은 대부분 남성을 위해, 남성에 대해 쓰였다. 여성들은 남성의 소유물이나 재산처럼 여겨졌고, 여성의 결정권은 자연스럽게 무시되었다. 1958년 독일에 평등법이 도입되었지만 여성은 여전히 자기가 원하는 삶을 꾸릴 수 없었고 심지어 이혼도 자유롭게 할 수 없었다. 여성은 자기 은행 계좌도 마음대로 개설할 수 없었으며, 1977년까지 남편의 동의 없이 직장에 다닐 수도 없었다.

역사 속 여성혐오에 대해 자세히 설명하는 좋은 책들이 시중에 많이 나와 있으니, 이 정도로 마무리하려고 한다. 지금 모든 이야기를 다 하기에는 지면도 시간도 부족할뿐더러, 이 책에서 말하고자 하는 핵심도 아니다. 핵심은 가부장제 담론 아래 여성들은 줄곧 억압 속에 살았다는 것이다.

여기까지 말하면 "지금은 여성과 남성이 평등해졌는데 왜 아직도 그런 얘기를 해?"라고 반박하는 사람들이 있다. 분명히 대답할 수 있다. 그 말은 절반은 맞고 절반은 틀렸다. 우

★ 이 끔찍한 행위를 음핵절제술Clitoredectomy이라고 한다. 이 시술이 마지막으로 이루어진 것은 무려 20세기인 1948년이다. 다섯 살짜리 소녀가 자위하는 것을 방지하기 위함이었다.

리가 아직도 완벽한 양성평등을 이루지 못했다는 내용에 대해서도 잘 설명한 좋은 책들이 많으니 읽어보길 바란다. 그러면 '아니, 아직 평등한 게 아니라면 지금까지 한 얘기들은 다 뭔데?'라고 생각하는 사람도 있을 것이다. 이제 '곧' 도달할 테니, 이런 말을 하는 것이다.

우리는 무려 남자아이가 분홍색 옷을, 여자아이가 파란색 옷을 입을 수 있게 된 진보한 시대를 맞았다. 한편으로는 아무것도 달라진 게 없는 시대이기도 하다. 우리가 맞설 대상이 있다는 말은 여전히 문제가 존재한다는 말이 아닐까?

나를 비롯한 여성들을 피해자로 만들어 동정을 사려는 것이 아니다. 우리의 의식이 개선되어야 한다는 말이다. 여성에게 투표권이 있고 파란색 옷을 입을 수 있다고 해서 가부장제가 종결되는 것은 아니다. 내면화된 여성혐오는 쉽게 사라지지 않을 것이다. "이제 여성들은 분홍색을 입지 말자고 기껏 결정한 마당에 쟤는 왜 지금 분홍색을 입는 거야. 이제는 파란색을 입어야지. 이만큼이나 왔는데 왜 퇴보한 느낌을 주냐는 말이야"라는 평가가 나오지 않게 될 때까지 말이다.

솔직히 색깔에 대한 이야기는 길게 말하고 싶지는 않지만 그래도 잠깐 언급은 하고 넘어가야 할 것 같다.

최근 들어 핑크가 좋아졌다

색채심리학은 20세기 이후 여러 대학에서 심리학의 하위 학문으로 다루어지기 시작했지만, 여전히 널리 알려진 학문은 아니다. 그렇지만 색깔이 인간의 심리에 영향을 미친다는 사실은 보편적으로 널리 알려져 있다.

감정과 기억은 색깔과 연관되어 있다. 해 질 녘 석양을 보고 있자면 늦여름 저녁 식사 전에 따끈하게 데워진 아스팔트 위에서 이웃집 아이와 함께 뛰놀던 장면이 떠오른다. 또는 핀터레스트 이미지에 나올 것 같은 낡은 폭스바겐을 타고 친구들과 함께 이탈리아에서 보냈던 추억이 떠오르기도 한다. 이런 기억을 떠올리면 민트색이나 살짝 바란 파란색처럼 빈티지하면서도 너무 선명하지 않은 부드러운 색이 연상된다.

부드럽고, 가볍고, 어쩐지 다 괜찮을 것만 같고, 일상에서 벗어나 좀 더 가벼운 느낌이다.

색깔과 경험 사이의 연관성에는 문화적인 특성도 반영된다. 서구권에서는 죽음과 삶의 유한함을 검은색을 비롯한 어두운 색깔로 상징하는 반면, 멕시코에서는 죽음을 곧 새로운 삶의 시작이라 여겨 다채로운 색깔로 기념한다. 이처럼 색깔은 인간의 감정이나 사고에 깊이 연결되어 있다. 심지어 우리가 편안함을 느끼는 장소, 개인적인 취향, 자신을 바라보는 시선과 더불어 우리가 타인에게 어떤 모습으로 보이기를 원하는지도 결정한다.

나는 차분한 색깔이 우아하다고 생각하며 살아왔다. 외모가 화려하기보다는 유능함과 지성을 뽐내는 커리어 우먼이 되고 싶었다. 여기에는 간결함이 곧 지적인 것이며, 화려함은 멍청해 보인다는 인식의 영향도 있었다.

2001년에 개봉한 영화 〈금발이 너무해〉에서 내 눈을 사로잡았던 요소는 바로 핑크였다. 주인공 엘 우즈는 몸에 딱 붙는 핑크색 옷을 입고 돌아다니며 하릴없이 남자 친구의 청혼만을 기다린다. 하지만 남자 친구는 돌연 이별을 선언하고, 엘은 영화 속에서 으레 그러하듯 그를 따라 하버드 로스쿨에 가겠다고 결심한다. 그런데 이 영화에서 놀라운 건 엘이 남자들의 관심을 받고자 법학을 공부한다는 그 지점이 아니라, 바비 인형처럼 한껏 꾸민 겉모습이 주는 편견과 달리 엘이 결코 멍청하지 않다는 것이다.

엘은 여성에 대한 편견 그 자체를 의인화한 것 같은 인물이다. 여성스럽다고 치부되는 취향을 모조리 가지고 있으니 자연스럽게 멍청하다는 속성도 함께 부여받는다. 옛말에 따르면 웃음이 많은 사람은 똑똑하지 못한 사람이다. 반면에 수염 아래로 침묵을 지키는 사람은 심오한 내면을 지닌 생각이 깊은 사람이라고 여겨진다. 그러면 엘은 핑크를 좋아하고, 낙천적인 성격에 지성까지 갖추었으니 여성들의 역할 모델이 될까? 엘이 페미니스트였을 수도 있을까? 엘을 규정하는 속성은 단순히 외모뿐이었을까?

한 가지 확실한 부분은 다른 모든 미국 하이틴 영화나 코미디 영화가 고정관념으로 가득하던 이 시기에 〈금발이 너무해〉는 의도적으로 편견을 비틀어 소재로 다루었다는 것이다. 비슷한 시기에 나온 다른 영화들은 다들 뻔하고 비슷해, 아무리 본 적 없는 영화라 하더라도 스토리를 줄줄 읊을 수 있을 정도다.

고정관념은 광활한 세상에 뚝 떨어진 인간이 어느 정도 방향을 가늠할 수 있도록 도와주었기에 그만큼 떨쳐버리기도 어렵다. 지금 나보고 고정관념을 긍정하는 거냐고 할 수도 있겠지만, 생각해 보자. 우리는 국적이나 세대와 같은 특성으로 사람들을 분류하고 규정한다. 이러한 특성은 고정관념으로 쉽게 자리 잡는다. 예를 들어 독일에서는 재클린이라는 이름이 부정적인 뉘앙스를 가진다. 재클린과 비슷한 이름인 샤클린이 독일에서 풍자에 주로 소비되었기 때문이다.(2013년 가정심리학자 소피 제베르크Sophie Seeberg가 문제 있는 가족을 분석한《샤클린은 천재야Die Schakkeline ist voll hochbegabt, ey》에서 딸의 이름이 샤클린이었다―옮긴이). 반면 프랑스에서 재클린은 귀족적인 이름이라고 여겨진다. 또 독일에서는 평범한 여성 이름인 이본이 프랑스에서는 할머니 세대에서만 쓰는 옛날 이름이라고 나의 프랑스인 남자 친구가 언제나 그렇듯 친절하게 설명해 주었다.

사회적 조건, 즉 우리가 어떤 환경에서 살아가느냐는 세상을 바라보는 관점을 비롯해 특정 이름이나 색깔에 대해 가지는 편견에도 많은 영향을 미친다. 거듭 말하지만 금발이 멍청하다는 고정관념은 전 세계에 널리 퍼져 있고, 분홍색을 어리숙하고 여성스러운 색깔이라고 생각하는 사람도 많다.

그런데 분홍색에 이러한 편견이 덧입혀진 것도 최근에 이르러서다. 분홍색이 소녀의 색깔이고 파란색은 소년의 색깔이라는 이분법은 만들어진 지 백 년도 채 되지 않았다. 분홍색과 빨간색은 힘과 지배력, 남성성을 상징해 오랫동안 남성들이 소유해 온 색깔이었다. 특히 분홍색은 어린 남성인 소년을 상징했다. 반면 소녀는 하늘색 옷을 입었는데, 이는 순결의 상징이자 성스러운 성모 마리아를 상징하는 파란색을 연하게 만든 것이었기 때문이다.[23]

색깔이 상징하는 바는 지금과 정반대였지만, 성 역할의 고정관념만은 예나 지금이나 똑같았다. 여성은 순결하고 더럽혀지지 않은 존재여야 하지만, 남성은 적의 피 속에서 굴러야 한다는 구조다. 성 역할의 고정관념은 이처럼 오래되었고 그만큼 진부하다.

한편 일부 과학자들은 석기시대에 여성들이 가족들을 먹여 살리기 위해 붉은 과일과 열매를 채집했기 때문에 그 행위가 이어져 내려와 분홍색과 빨간색이 전형적인 여성의 색깔이 되었다는 주장을 펼쳤다. 하지만 최근 연구에 따르면 여성뿐 아니라 남성들도 채집 활동을 했으며, 여성들도 사냥에 나섰다는 사실이 밝혀지면서[24] 이 가설에는 학술적인 근거가 없음이 확인되었다.

다양한 가설이 제기되지만 왜 성별에 따라 색깔을 구분하게 되었는지는 아직도 분명하지 않다. 하지만 분홍색은 여성이고 파란색은 남성이라는 구분이 견고해진 시기는 1940년대에서 1950년대 사이임이 분명하다. 사회학자 에바 헬러Eva Heller는 자신의 책 《색은 어떻게 작용하는가Wie Farben wirken》에서 두 가지를 원인으로 지목했다. 첫 번째는 성모 마리아를 향한 관심이 카톨릭에 비해 상대적으로 적은 기독교의 확산으로 인해 파란색이 가졌던 종교적 특성이 약해진 것이었고, 두 번째는 항해사의 선원복이나 기술자의 작업복처럼 과거에는 주로 남성이 하던 직업군의 복장에 파란색이 사용되었다는 것이다.[25]

그리고 1959년 바비 인형이 세상에 나오면서 분홍색은 여성스러운 색깔이자 여성적이라는 인식이 확고해졌다. 즉 분홍이 필연적으로 여성의 색깔이 되어야 할 운명이었던 것은 아니며, 상황이 달랐다면 지금의 결과도 달라졌을 수 있는 일이었다.

역사적으로 색깔이 가지는 의미는 무작위로 결정되고 폐기된다는 점을 고려하면 분홍색에 덧입혀진 고정관념은 꽤 오랫동안 끈질기게 이어지고 있다. 분홍색에 대한 편견은 왜 견고하게 유지될까? 이유는 간단하다. 돈이 되기 때문이다. 여성용 면도기는 남성용 면도기와 동일한 기술로 만들어졌음에도 분홍색이라는 이유만으로 가격이 두 배 이상 비싸다. 이런 현상을 '핑크 택스Pink tax'라고 한다.

그렇지 않아도 성별 간 임금 격차로 인해 남성보다 가벼운 여성들의 주머니를 왜 더 가볍게 만드는 걸까? 무슨 기준으로 가격 차이가 나는 걸까? 내용물이 다르거나 품질이 더 좋고 유통기한이 긴 것일까? 아니다. 색상만이 유일한 차이다. 함부르크 소비자 센터의 연구 결과에 따르면 패키지가 파란색인 화장품과 분홍색인 화장품의 성분에는 거의 차이가 없다. 결국 여성용 제품의 가격이 더 높은 이유는 여성이 가격에 덜 민감하다는 성차별적인 생각 따위에서 기인한 것이다.[26] 임금 차별에 핑크 택스로 여성이 이중고와 차별에 시달린다는 주장이 이미 수년 전부터 제기되고 있지만, 핑크 마케팅은 지금도 여전히 진행 중이다.

〈금발이 너무해〉의 엘 우즈를 통해서도 알 수 있듯, 핑크에는 부정적인 이미지가 덧씌워져 있다. 그리고 나는 내 행동이 이 문제를 악화시킨다는 사실은 전혀 모른 채, 오랫동안 핑크를 철저하게 거부해 왔다. 핑크를 거부하는 행동으로 내면의 여성혐오를 부추겼을 뿐 아니라, 내가 지금껏 배워온 고정관념들을 부정하려 했었다. 내가 좋아하는 색깔이 내가 어떤 사람인지를 결정해 준다고 확신했으니 핑크를 좋아하면 멍청하고 세상 물정 모르는 사람이라는 가부장적 관념이 고착화되는 데에도 기여했다.

색깔을 성별에 따라 구분하려는 사람들은 지금도 여전히 존재한다. 어떤 마케팅 담당자는 실제로 여성은 그다지 합리적이지 않으니 핑크에 반짝이만 넣으면 아무리 비싼 제품이라도 기꺼이 산다고 생각한다. 그렇다고 해서 우리 옷장에 핑크가 절대 들어오지 못하게 막아야 한다는 것은 아니다.

지금 당신의 손에 들린 이 책 표지를 한번 보라. 사실 나는 밝은색도 참 좋아한다. 하지만 앞서 이야기했던 것처럼 옷은 주로 검정색, 흰색, 베이지색 계열을 입었다. 엄밀히 따지자면 흑백은 무無색이라는 것은 나도 알고 있으니, 편지를 보내 지적해 줄 필요는 없다. 나는 사실 스칸디나비아 스타일을 지향하고 이런 스타일에서 편안함을 느낀다. 요즘에는 1970년대 복고풍에 빠져 있다. 1970년대 음악과 알록달록한 패턴, 다채로운 색깔에서 드러나는 경쾌함을 사랑한다. 내 옷장과 비교해 봤을 때 화려하고 대담해 보이는 점이 좋다.

이 책의 표지에서도 그런 경쾌함을 표현하고 싶었다. 밝고 활기찬 색깔과 패턴으로 고정관념에 맞서보고 싶었다. 고정관념을 가지고 놀아보고 싶었다. 그 과정이 순탄하지는 않았다. 마지막까지도 표지를 간결하고 단정하게 바꾸고 싶다는 충동이 들었으니까. 편집자, 매니저, 출판사 사람들에게 "사람들이 내 책을 진지하게 받아들이지 않으면 어떡하죠?"라고 물어보기 일쑤였다. 그냥 인스타그램이나 좀 한다는 여자가 쓴 책이니까 머리를 써야 한다거나 복잡한 말 하나 없이 잠깐 쉬는 시간에 커피나 마시면서 읽을 수 있는 가벼운 내용이나 귀여운 수다 정도로만 생각하면 어쩌지?(이 책의 원서 표지는 노란색과 분홍색, 보라색이 섞인 바탕에 빨간색으로 제목이 크게

써 있다. 저자의 의도를 살려 번역서 표지에도 밝고 활기찬 색깔을 사용했다.—편집자)

최근 한 영화 촬영장에 방문할 기회가 있었는데, 거기서 내 면전에 대고 대학은 나왔냐는 질문을 받았다. 이런 질문은 문제점투성이인데, 여성혐오적일 뿐 아니라 계급주의적이기 때문이다. 모든 사람이 대학에 갈 기회가 주어지는 건 아니다. 그리고 대학에 간다고 해서 반드시 우월하고 똑똑한 사람이 되는 것도 아니다. 나는 그 사람에게 문화학을 전공했고 지금은 작가로 활동하고 있다고 구구절절 말하는 대신 그냥 인플루언서라고 이야기했다.

내가 하는 일이나 좋아하는 색깔을 부끄럽게 여기고 싶지 않다. 겉모습이나 취향만으로 편견에 사로잡히고 싶지도 않다. 이 책이 고정관념을 가진 사람들이 보기에 여성스럽고 또 전형적인 여성의 책처럼 느껴진다고 말하면 글쎄, 오히려 다행이기도 하다. 여러분이 알록달록한 책을 손에 쥐게 되어 기쁘다.

#미투와 위계 성폭력

'#미투'를 처음 들었던 그 순간을 아직도 잊을 수 없다. 베를린이라는 멋진 도시에 푹 빠져 있었던 나는 지하철을 타고 카페에 가고 있었다. 낙엽 밑에서 카푸치노 잔을 어떻게 연출해 인스타그램에 올릴지 이미 다 구상해 놓았었다. 그때도 나에게 인스타그램은 햇빛 아래 놓인 케이크 한 조각을 사진 찍어 '#여유' 같은 해시태그를 달아 올려도 팔로워가 200명씩 늘어나는 그런 평화로운 플랫폼은 아니었다. 하지만 적어도 지금처럼 정치적이지 않았고 논쟁도 격렬하진 않았다.

아무튼 하비 와인스타인이라는 이름이 도배되기 시작했던 시기는 2017년 10월이었다. '#미투'가 앞으로의 나의 삶과 소셜 미디어에서의 토론에 얼마나 거대한 영향을 끼칠지 그

때는 알아차리지 못했다. 그래서 처음에는 미투를 둘러싼 논의에 크게 관심이 없었다.

미투 운동은 흑인 여성 활동가인 타라나 버크Tarana Burke가 2006년에 시작한 사회운동이다. 처음에는 해시태그 운동이 아니라 아프리카계 미국인 여성들이 당하는 성적 학대를 고발하도록 장려하는 마이스페이스 캠페인이었다. 그러나 안타깝게도 큰 반향을 일으키진 못했다. 마땅히 표출해야 할 분노와 고발은 묻히고 소수자의 수많은 운동 중 하나가 되고 말았다. 그러나 알리사 밀라노가 와인스타인 스캔들 이후 '#미투'를 통해 성폭력 피해자들에게 경험을 공유하자고 호소했을 때 미투 운동은 마침내 언론을 타고 커다란 외침으로 터져나왔다. 알리사의 제안 이후 스물네 시간 만에 '#미투'는 트위터에서 50만 번 이상, 페이스북에서는 1200만 번 이상 사용되었다.

"이런 운동이 있었다는 것 자체가 중요하지, 누가, 왜, 언제 시작했는지가 뭐가 중요해?"라고 말하는 사람도 있다. 반은 맞고 반은 틀린 말이다. 물론 오랜 시간이 지나 마침내 이런 외침이 터져나왔다는 것은 중요한 일이다. 그러나 생존의 위협을 무릅쓰고 이 길을 걸어온 사람이 누구였는지, 그리고 이 누군가는 마지막에 스포트라이트를 받는 백인 특권층 여성들은 아니었다는 사실을 잊지 말자.

미투 운동을 통해 성폭력은 어쩌다 일어나는 우연한 사건이 아니라 여성들이 처한 현실이라는 점이 분명해졌다. 그리고 이 슬픈 사실은 통계로도[27] 증명되었다. 여성 세 명 중 한 명은 살면서 적어도 한 번의 성폭력을 경험한다. 여기에는 모욕적인 인터넷 댓글부터 허벅지에 손을 올리는 운전 강사, 강간까지 다양한 성폭력을 포함한다.

미투 운동은 여성이 성폭력의 피해자가 될 가능성에 노출되어 있다는 사실을 수면 위로 드러냈을 뿐만 아니라, 여성에게 가해지는 폭력이 구조적인 문제에서 비롯된다는 점도 지적한다. 즉 여성을 억압함으로써 남성에게 더 많은 권한을 부여하는 가부장제 사회구조에서 기인한 문제라는 것이다. 미투 운동이 인터넷을 통해 전 세계로 퍼지면서 여성들은 목소리를 높였고 주목받았다. 남녀 간 힘의 불균형을 이용하는 남성들이 있었다는 사실도 반박의 여지없이 명백해졌다. 또한 많은 사람이 여성을 향한 억압과 성폭력을 오래전부터 알고 있었으면서도 묵인했다는 점도 드러났다. 여성들의 수많은 경험담이 쏟아져 나오는데도 어떤 사람들은 "뭐, 항상 있는 일이잖아"라며 피곤하다는 듯 손사래를 치기도 했다.

여성 대상 성폭력은 오래전부터 있었던 일이다. 그러나 그래왔다고 해서 앞으로도 계속 그래야 한다는 것은 아니다.

있잖아, 사실 나도 그런 적 있어

경고: 이번 장에는 성폭력 사건에 대한 묘사가 나온다. 이와 관련한 트라우마가 유발될 우려가 있는 경우, 이번 장은 읽지 말고 넘기거나 적어도 혼자 읽지 말 것을 권장한다.

나는 서빙을 8년 정도 했다. 열여섯 살 무렵 사격 축제의 맥주 판매대에서 한 아르바이트를 시작으로 열여덟 살부터는 디스코 클럽에서 보드카와 에너지 음료를 섞어주는 일을 했다. 새로운 근무 조에 들어갈 때면 언제나 더 많이 웃으라는 소리를 들었다. 팁을 더 많이 받고 싶으면 친절하게 굴어야 한다고도 했다. 가슴이 크다는 단골의 칭찬에 친절한 미소로 대응하지 않으면 손님들이 짜증을 내니까 그들의 기분을 상하게 하지 않도록 유의해야 한다고 했다.

오후 9시부터 오전 7시까지 일하면서 시급 5.26 유로를 받았다. 가게를 청소할 때 누군가 내 엉덩이에 손을 대는 일이 한두 번이 아니었다. 하지만 내가 아니더라도 이 일을 하려는 사람이 널렸을 테니, 일할 수 있다는 데에 감지덕지했을 뿐 별수 없었다. 한낱 서빙 아르바이트를 하면서도 이런 일을 겪었다. 그러니 영화나 음악 산업, 혹은 대기업처럼 힘이 있는 사람의 말에 나의 생존이 좌지우지되는 상황에서 발생하는 권력형 성폭력은 얼마나 심각할지 말하지 않아도 알 수 있을 것이다.

그러나 나 역시 남성들의 이런 행동이 성추행이라는 사실을 오랫동안 알아차리지 못했다. 물론 불쾌하고 짜증나는 감정이 치솟고 화도 났지만 나뿐만 아니라 많은 여성이 겪는 비슷한 일 중 하나라고 알고 있었다. 많은 여성이 같은 일을 겪었다면 그렇게 이상한 일은 아니라고 생각했다. 또 비정상적인 일이라면 진작 어떤 식으로든 해결되었을 일이라고 생각하기까지 했다.

직장에서 많은 여성이 성추행을 흔하게 겪는다면 거의 모든 여성이 성추행 피해자라는 말인가? 그렇다. 그게 바로 이 문제의 본질이다. 권력 남용이자 구조적인 폭력이다.

미투 운동은 밀폐된 공간에서 발생하는 강간뿐 아니라

길에서 지나가는 여성에게 휘파람을 불거나 추근거리는 캣콜링, 엉덩이에 손을 대는 것, 성기 사진을 보내는 것도 성적 학대라고 분명하게 인지시켰다. 이로써 사람들에게 혼자서 묻어놓았던 경험을 드러낼 용기를 주었다. 성폭력을 당한 여성은 대개 신고하지 못한다. 보통 자기에게 일어난 이 상황이 내가 잘못했기 때문에 벌어진 일이고, 설령 신고한다고 한들 아무도 자기 말을 믿어주지 않을 것이며, 종국에는 이 정도면 엄청나게 심각한 일도 아니었다고 합리화하는 경우가 많다. 이건 내 경험에서 비롯한 이야기다.

내가 열여섯 살이었을 때 일어난 일이다. 여느 때와 다름없이 고향에서 매년 열리는 사격 축제에 갔다. 사격 축제는 누군가에게는 옛날부터 이어져 온 전통이지만, 누군가에게는 눈치 보지 않고 주말마다 여러 마을을 돌아다니며 마음껏 술을 마실 수 있는 기회이기도 했다. 이 축제의 아름다운 점을 말하자면 여성들은 새 사냥에 나갈 수 없다는 것인데 그 이유는 성차별주의, 아니, 전통 때문이다.

우리 가족은 막 이사를 왔던 참이어서 아직 동네가 낯설 때였지만 나는 여자 친구들 몇 명을 사귈 수 있었다. 그때 나는 남자에 별로 관심이 없어서 남자 친구들과는 교류가 없었다. 그래도 남자인 친구가 한 명 정도 있었다. 당연히 남자애들도 이 사격 축제에 참여했고, 거기에는 나를 좋아하는 남자애★도 있었다. 그 애는 나에게 관심이 있다는 이야기를 이미 여러 번 했고, 나도 그때마다 거절했기 때문에 그 애가 나를 좋아한다는 사실은 잘 알고 있었다.

내가 친구와 함께 축제를 즐기고 집으로 돌아가려고 했던 그날 밤, 그 누구도 겪어서는 안 되었을 일이 일어났다. 달콤한 솜사탕 냄새가 감도는 편안한 분위기였고, 나와 친구는 초콜릿을 입힌 과일, 아몬드 캐러멜, 솜사탕을 파는 가게 근처에서만 놀았기 때문에 더더욱 그럴 일이 일어나리라 상상조차 하지 못했다. 친구는 다른 사람들에게 집에 간다고 인사를 하고 있었고, 나는 신비주의 콘셉트 때문인지 아니면 정말로 하늘이 보고 싶어서 그랬는지는 모르겠지만 어쨌든 하늘을 올려다보고 있었다. 그런데 갑자기 누군가 내 어깨에 손을 올렸다.

"조금만 같이 걷자"라고 그가 내 귀에 속삭였다.

"싫어." 나는 짜증을 내며 대답했다.

"왜 그래, 쿨하지 못하게."

사실은 그러고 싶지 않았지만 어쩐지 쿨하지 못한 사람이 되는 건 싫어서 그를 따라나섰다. 몇백 미터 정도를 걷자 거의 빛이 없는 깜깜한 곳에 이르렀다. 갑자기 그는 나를 주차

★ 고작 열일곱 살에서 열여덟 살 정도였기 때문에 '남성'이라고 말하지 않겠다.

있잖아,
사실 나도
그런 적 있어

장 진입로 쪽으로 밀어 팔뚝으로 내 목을 짓눌렀다. 그 애의 숨소리는 거칠었다.

왜 이러는 걸까? 무섭지는 않았다. 그저 불쾌할 뿐이었다. 안타깝게도 그 애는 나보다 키가 작았다. 얘가 나에게 무슨 짓을 할 수 있을까 생각하며 온몸으로 버텼다.

"이렇게 거부하면 네가 무사할 것 같아?"

"무슨 말인데?"

"너도 원하잖아."

와, 정말로 그렇게 말했다. "내숭 떨지 말고"라는 말을 입밖으로 꺼내는 사람이 실제로 존재한다니 나는 믿을 수 없었다. "진심으로 하는 말이야? 진짜로 그렇게 생각하는 거야?"라고 받아치고 싶었다. 최소한 진부하지 않게 독창적으로 말할 수는 없었을까? 나는 그가 말도 안 되는 농담을 지껄이는 것 같았다.

이 상황에서 나는 박장대소할 수밖에 없었다. 집에 가려던 내 친구가 멀리서 들을 수 있을 만큼 크게 웃었다. 그때까지 그의 손이 내 가슴 위에 있고 그의 바지 지퍼가 열려 있다는 것도 모르고 있었다. 내 목소리를 들은 친구가 달려와 더 나쁜 일이 벌어지기 전에 막아주고 나서야 나는 모든 상황을 제대로 인식할 수 있었다.

나는 그를 뿌리치고 친구에게로 달려갔다.

"무슨 일이야?" 친구가 경악해 물었다.

"아, 아무것도 아냐."

나는 웃음을 잃지 않으면서 나를 찾으러 온 친구에게 팔짱을 꼈고, 그제야 내 다리가 떨리고 있음을 느낄 수 있었다.

그때 있었던 일이 나의 마음을 꽤 자주 혼란스럽게 만든다는 사실을 인정한 지 얼마 되지 않았다. 처음에는 별일이 아니라고 생각했다. 다른 사람들이 겪은 '진짜' 성폭력에 비하면 그렇게 나쁜 짓이 아니라고 합리화하기까지 했다. 누구의 고통이 더 큰지, 진정한 피해자가 될 자격이 있는지를 겨루는 것처럼 내가 당한 일은 별로 심각하지 않다고 여겼던 것 같다. 그가 몸을 조금 더듬었을 뿐이고, 그의 숨결이 내 얼굴에 와 닿았고, 팔뚝에 멍이 들었을 뿐 정말로 나쁜 일을 겪은 게 아니라고 생각했다. 하지만 꼬리에 꼬리를 물고 이어지는 생각은 멈출 줄 몰랐다.

'왜 또 눈물이 나는 거야, 참. 강간을 당하지도 않았는데 과하게 반응해서 창피해. 나도 모르게 사람들의 관심을 받고 싶어서 이러는 걸지도 몰라. 어쩌면 내 겉모습이 그를 자극했을 수도 있고. 아무것도 없었다면 걔가 그런 짓을 했겠어? 도대체 원인이 뭐였을까, 왜 그런 일이 있었을까, 걔는 왜 그랬을까….'

하지만 비로소 그 남자애가 나쁜 일을 저질렀다는 것을

알게 되었다. 미투 운동의 영향도 컸다. 여성에게 가해지는 성폭력은 강제적인 성관계를 비롯해 다양한 형태로 벌어진다는 점도 알게 되었다. 또한 성폭력에 대한 담론조차도 남성 중심적인 시각에서 이야기되고 있기 때문에 짧은 치마를 입어서, 남성의 눈을 오랫동안 응시해서 그렇다는 둥 여자로부터 문제점을 찾아내기 바빴다는 점도 깨닫게 되었다. 남성 중심적인 성폭력 담론이란 예를 들어 "무슨 말을 못 하겠네! 다리가 그저 예쁘다는데 그게 칭찬이 아니면 뭐야?" 같은 말을 지껄이는 것이다.

다시 한번 강조하지만 성폭력은 강압적인 성관계만을 말하는 것이 아니다.

그 당시에 나는 스스로 강해져야 한다는 말을 계속해서 되뇌기도 했었다. 내게 강해진다는 것은 그 일을 마음속에 묻어 침묵하고, 나서지 않으며, 그렇게 나쁜 일은 아니었다며 다독이는 행위였다. 나는 왜 그랬던 걸까? 그 이유는 내가 그렇게 자라왔기 때문이다. 그리고 그렇게 사회화되었기 때문이다. 여성이 남성을 유혹했기 때문에 성폭력을 당하는 것이고, 그 이야기를 꺼내는 건 무고한 남성을 모함하려는 것이라는 사회 분위기 속에서 자랐기 때문이다.

지금도 여성이 성폭력을 공개적으로 고발하면 진위 여

부부터 의심을 받는다. 피해 여성은 가해자 남성의 유명세와 영향력, 돈을 노리고 거짓말을 하는 꽃뱀 취급을 받는다. 그런 점에서 미투 운동은 전 세계 여성이 셀 수 없을 만큼 많이 겪었던 성폭력 문제를 수면 위로 드러냄으로써 이것이 개개인의 차원에서 머무를 것이 아니라 눈을 들어 견고한 구조를 뒤흔들어야 한다고 일깨워 주었다. 드디어 이런 이야기를 할 수 있어 참 다행이다. 그렇게 되기까지 정말 오랜 시간이 걸렸고 많은 여성이 지난한 과정을 겪어야만 했던 현실이 지긋지긋하다.

"타라, 조용히 좀 할 수 없어?"라는 말을 언제나 들어왔다. 아니, 그럴 수 없다. 특히 지금은 더욱 그럴 수 없다.

내가 가장 좋아하는 캐릭터인 〈킬링 이브〉 속 빌라넬의 대사를 인용해 "여자에게 영원한 침묵은 없다Women don't stay silent forever"라고 끝내면 멋있겠지만 이 말을 한 번 더 강조하는 편이 좋을 것 같다.

당신이 성폭력의 피해자라면 그것이 당신의 잘못이라고 생각하지 말라. 짧은 옷을 입어서도, 목소리가 컸던 탓도 아니다. 당신이 아무리 그렇게 생각해도 아닌 건 아니다. 오히려 당신이 인정해야 할 것은 세 번이나 싫다고 말한 뒤에 겨우 나온 좋다는 말은 진짜로 좋아서 한 말이 아니라는 것이다. 피해 사실을 밝힐 자격이 없다고 스스로 단정짓지 말라. 당신의 경험이 다른 사람들이 경험한 것만큼 심각하지 않으니 굳이 알릴 필요 없다고 생각하지 말라. 지금 말하기에는 어차피 늦었다거나 그냥 착각했던 것 같다고 합리화하지 말라. 당신이 겪은 일에 대하여 낱낱이 이야기하라. 경찰에게 말하고 가족과 친구, 파트너에게도 말하라. 결코 혼자서 생각하지 말라. 그 생각이 당신을 집어삼킬 것이다. 결코 혼자가 되지 말라.

무능력을 무기로 사용하는 남자들

여성들이 영원히 침묵하지는 않을 것이라 믿는다. 하지만 우리가 흔히 겪는 일들이 사실은 비정상적이며 그것을 지적할 필요가 있다는 사실을 깨닫기까지는 시간이 걸리는 경우가 많다.

그럴 만한 이유가 있다. 남성에게는 여성이 자신을 위해 베풀어 준 호의를 치켜세우면서 자연스럽게 여성에게 짐을 떠넘기는 탁월한 기술이 있기 때문이다. 살짝 윙크를 하며 다정한 말투로 "너는 최고야"라고 말하기만 하면 그 짐은 이미 상대 여성의 것이 된다.

내가 처음으로 사랑에 빠진 건 스무 살 때였다. 그 사랑은 나를 완전히 사로잡았고, 마치 세상에 나만큼 사랑해 본 사람이 없으리라는 착각마저 들게 했다.★ 그와 처음으로 함께 여행을 가기로 했을 땐 설레서 견디기 힘들 정도였다. 어디로 가지? 다 잘 될까? 나 때문에 짜증이 나지는 않으려나? 참고로 나도 그에게 짜증이 날 수 있다는 생각은 전혀 하지 못했다. 대신 남자들은 여자에게 빨리 질린다는 말은 익히 들어왔다. 마리오 바르트라는 한 독일의 코미디언이 "오래된 부인이나 여자 친구는 짜증나는 존재"라는 성차별적인 말을 유머랍시고 떠드는데 그땐 대부분의 사람들이 이 말에 동의한다고 생각했다. 그렇게 생각하도록 만들어줘서 고마워요, 마리오!

아무튼 다시 휴가 계획을 짜던 스무 살 무렵의 얘기로 돌아가자. 어디로 가지? 거기까지 어떻게 가야 할까? 자동차, 비행기, 보트, 아니면 크로스컨트리 스키? 그런 내게 그는 살짝 윙크를 하며 "네가 더 잘 아니까 네가 해. 나는 너를 믿어"라고 말했다. 어린 마음에 나는 이 말을 듣고 녹아내렸다. 나를 믿는다니! 나를! 나를! 웃기지만 그의 말에 진심으로 고맙고 감동했었다.

그 남자를 처음 만났던 장소는 카페였는데, 구불거리는 머리카락을 가졌던 그는 철테 안경을 썼고 턱에 3일 정도 자란 수염이 있었다. 연애 소설에서 묘사될 법한 그런 남자였다.

★　딱 한마디만 하겠다. 사랑은 우리의 눈을 멀게 할 뿐만 아니라 바보로 만든다. 적어도 그 당시 나는 그랬다.

그런데 그런 남자가 나와 나의 선택을 믿는다고 한다! 나는 곧바로 작업에 착수해 호텔과 아파트를 찾아보고, 경로와 여행지를 계획하고, 마침내 비슷하면서도 각각 다른 네 가지 계획을 완성해냈다.

내가 여행 계획에 대한 프레젠테이션을 마치자 그는 나를 바라보며 "와, 자기야. 진짜 대단하다. 그냥 자기 마음에 드는 걸로 하자"라고 말했다. 지금 생각해 보면 나는 완전히 엄마 모드에 심취했던 것 같다.

무기화된 무능력Weaponized incompetence. 훌륭한 번역은 아니지만 최소한 이 상황을 잘 대변해 준다. 누군가가 자신의 무능함을 무기로 사용한다는 말이다. 다음 일화를 통해 무기화된 무능력이 어떤 의미인지 더 자세히 알아보자.

한 이성애 커플이 각자 하루 종일 일을 한 후 저녁을 준비하기 위해 함께 주방에 있다. 여성은 아이를 돌봤거나 아이를 돌보면서 업무를 했고, 남성도 직장에서 일을 한 후 집으로 돌아온 참이다. 둘 다 지쳐 있었고 분명 편안한 저녁을 보내고 싶을 것이다. 하지만 두 사람이 생각하는 편안한 저녁은 좀 다르다. 남성에게 편안한 저녁이란 식사를 하고 텔레비전을 보다가 잠드는 것이다. 반면에 여성에게 편안한 저녁이란 식사를 준비하고 어질러진 집을 정리하고, 영화를 볼 에너지가 남아 있지 않아 얼른 잠을 자거나 아니면 시간을 내서 세탁기를 돌리는 것이다.

아마 '에이, 옛날 얘기 아냐? 지금 그 정도는 아니지!' 하고 생각하는 사람도 있을 것이다. 나도 더 이상 이런 일이 일어나지 않는다고 말할 수 있으면 좋겠다. 불합리함을 과거에 비해 빈번하게 언급할 수 있다고 해서 그 문제가 근본적으로 사라졌다는 의미는 아님을 명심하자. 우리는 여전히 불공평한 가사에 대해 이야기 나누고 있다. 이 문제가 끊임없이 수면 위로 떠오른다는 말은 가사 노동에 있어서 여성에게 요구되는 역할이 여전히 남성보다 크다는 뜻이다.

"그 사람은 집안일도 도와주고, 애들 보는 것도 잘 도와줘"라는 말을 누가 하느냐만 보아도 이미 일하는 자가 누구인지 분명해진다. 도와준다는 건 실제로 도맡아 하는 사람이 있다는 뜻이니까. 여성과 남성이 공평하게 분담할 수 있으며 당연히 그래야만 하는 가사 노동이 남성에게는 선택적으로 여겨지니 '돕는다'가 마치 대단히 다정한 행위라도 되는 양 여겨지는 것이다.

바로 이러한 구도에서 무기화된 무능력이 발생한다. 남성들은 책임을 회피하면서 어떻게 하는지 모른다고 말해버리면 그만이다. 실제로 많은 사람들이 무기화된 무능력을 경험한다. 틱톡에서도 '#무기화된무능력'은 6250만 회 이상의 조회 수를 기록했다.

"빨래를 개라고? 휴, 어떻게 하는지 하나도 모르겠는데. 네가 하면 훨씬 빠르고 효율적일 것 같아."

귀엽게 윙크를 좀 날리면서 이런 말을 해주면 금방 다시 플레이스테이션으로 돌아갈 수 있다.

전혀 귀엽지 않다. 다섯 살 아이였다면 통했겠지만 방금 일터에서 집으로 돌아온 서른여섯 살 남성이 똑같이 하루 종일 직장에서 일했거나 집에서 돌봄 노동을 했을 아내 앞에서 할 말은 전혀 아니다.

더러는 남성들도 성장 과정에서 부모님이 집안일을 돕게 하는 경우도 있겠지만, 대개 집안일에 본격적으로 참여하는 정도는 아니다. 그렇게 키운 부모님의 잘못이라는 말이 아니다. 가정뿐만 아니라 학교, 교사, 유치원, 주변 환경, 친척, 소셜 미디어까지 사회와 규범 전체에 이 사태의 책임이 있다.

만약 이 책을 읽는 남성이 있다면 제발 자기의 무능함을 마치 낭만적인 것처럼 포장해 여성에게 떠넘기려는 행동을 하지 않기를 바란다. 빨래를 어떻게 개야 할지 모른다면 처음에는 두려울 수 있겠지만 그냥 물어보면 된다.

이 책을 읽는 여성들은 더 이상 거짓된 칭찬에 조종당하는 일이 일어나지 않도록 하자. 일일이 설명하고 의논할 시간에 내가 하면 더 빨리 끝난다고 치부하는 건 곰곰이 생각해 보면 슬픈 일이다. 고용 관계가 아니라 사랑에 기반한 관계라는 것을 기억할 필요가 있다.

이번 장은 특히 중요하다. 우리가 생각하는 것만큼 상황이 나아지지 않았음을 분명하게 보여주기 때문이다. 과거에 비해 파트너에게 더 많은 요구를 할 수 있는 요즘이라지만, 여자들이 실제로 원하는 것을 얻기보다는 포기하는 것이 더 많은 현실이다.

옛날 남성들이 집안일을 그저 "안 해!"라고 거부했다면, 요즘 남성들은 "자기가 나보다 훨씬 더 잘하니까, 둘 중 더 잘하는 사람이 하는 것이 효율적인 것 같아"라고 말한다. 기억하자. 이런 말은 칭찬의 가치를 떨어뜨릴 뿐만 아니라 상대방의 기분을 좋게 만들지도 않는다. 거짓 칭찬으로 포장한 게으름에 놀아나고 싶은 사람은 어디에도 없다.

왜 여성들은 항상 더 많은 설명을 듣게 될까?

 ████████

책이 망해서 다행인 듯

7분 전 댓글

 wastarasagt ✔ · 작성자

내 책은 아직 나오지도 않았는데

3분 전 댓글

 ████████ ▸ wastarasagt

아냐 나왔어

1분 전 댓글

 wastarasagt ▸ ████████

하하하 그래, 내 책이 나도 모르게
이미 나왔다는데 무슨 말을 더 하겠니

(내 책이 이미 나왔다는 말을 하는 틱톡 사용자와의 대화)

이제부터 '맨스플레인Mansplain', 남성이 여성에게 세상이 어떻게 돌아가는지를 굳이 친절하게 설명해 주려고 하는 현상에 대해 말해보려고 한다. 맨스플레인은 '남성Man'과 '설명하다Explain'를 합친 말로, 남자들은 자꾸 가르치려 든다는 뜻이다.

나의 소셜 네트워크 알고리즘에서 이 주제는 씹고 또 씹어 단물이 빠진 정도가 아니라 이제는 아무 맛도 나지 않을 정도다. 게다가 맨스플레인이라는 개념이 널리 퍼지면서 그 의미가 희석되어 맨스플레인이 그렇게까지 나쁜 것이 아니라 오히려 바보 같고 귀여운 남성의 특성이라고 여기는 지경에 이르렀다. 이를 테면 '남자들에게 무언가를 설명하게 해주면 좋아할 거야'라는 것이다. 아니, 사양하겠다.

맨스플레인은 사랑스럽거나 귀여운 행동이 아니다. '여자들은 원래 잘 모르니까, 내가 다시 설명해 줄게!' 하고 여성을 무시하는 행동이다. 트위터에서도 여성 작가들이나 칼럼니스트들에게 마치 그들이 그들 자신의 글을 제대로 이해하지 못했다는 듯 기꺼이 설명해 주려는 남성들이 많다. 대표적으로 채드의 사례가 있다.

채드라는 이름의 한 트위터 사용자는 우리에게 큰 웃음을 선사했다. 채드는 드라마로 제작되기도 한 유명 소설《시녀 이야기》의 작가 마거릿 애트우드가 그 드라마에 관하여 쓴 글에 대해 "흠, 아마 나랑 다른 드라마를 본 것 같은데"라는 댓글을 달았다. 그 말은 곧 애트우드가 자기가 쓴 드라마의 내용을 제대로 이해하지 못했다는 의미였다. 이후 폭풍 같은 비난이 쏟아지자 채드는 그 댓글을 삭제했다. 댓글은 삭제했지만 우리는 안다. 인터넷은 결코 잊는 법이 없다는 것을. 자기보다 뛰어난 여성에게조차 무언가를 가르치려 드는 남성을 박제한 스크린 샷은 인터넷에 넘쳐난다.

비슷한 일련의 사건들을 지켜보며 맨스플레인이 무엇인지 잘 알게 되었지만 그때까지 내가 실제로 경험해 본 적은 없었다. 아니, 최소한 불쾌할 정도로 기분 나쁜 경험은 없었다. 종종 소셜 미디어에 콘텐츠를 올리면 내가 성차별과 여성 혐오를 이해하지 못했다고 댓글로 설명을 달아주는 남성들이 있다. 하지만 이런 댓글을 다는 무리는 아직 부모님과 함께 살면서 밤 11시가 되면 휴대폰을 내려놓아야 하고, 그 규칙을 어기면 휴대폰을 압수당하는 꼬마들이라는 것도 잘 알고 있으니 그렇게 기분 나쁘지는 않았다.

그러다 서른 살에 파트너와 함께 스포츠 중계를 보는 행사에 초청받았을 때, 비로소 맨스플레인을 실감했다. 우리가 앉은 테이블에는 남자 일곱 명이 앉아 있었고, 나는 전부 모르는 사람들이었다. 그중 일부는 내 파트너의 동료였고, 일부는 파트너도 처음 보는 얼굴들이었다.

나는 천성적으로 활발한 성격은 아니다. 외향적 내향인

정도로 표현할 수 있을 텐데, 기본적으로 내향적이지만 행사장이나 모임에서 잘 모르는 사람들과도 잘 소통하는 편이다. 다만 모임에서 대화를 주도해야 할 것만 같은 불편함을 느낀다. 참석자 모두 즐겁게 대화에 참여했다고 느끼고 행사가 끝난 후 기분 좋게 돌아갈 수 있기를 바라는 마음이기도 하다.

여성들이라면 비슷한 경험이 있지 않을까? 남자아이들이야 비교적 더 오래 철없이 지낼 수 있지만, 여자아이들은 이미 유년 시절부터 할 일을 해야 한다고 배우며 자란다. 어머니가 딸에게는 자기 자신을, 아들에게는 남편의 역할을 투영하기 때문에 대개 딸은 어려서부터 일찍 철든다. 언제나 그렇듯이 역시 가부장제에서 비롯한다. 여성이 감정 노동과 돌봄 노동을 하도록 설계되어 있는 가부장제에서 의식적이든 무의식적이든 전통적으로 딸들은 엄마의 노동을 물려받는다. 그러니 나는 본래 외향적인 내향인일 수도 있고, 아니면 그저 모든 사람이 즐거운 시간을 보내게 만들어야 할 사회적 책임을 학습한 사람일 수도 있다.

그날 참석했던 스포츠 중계 행사에서도 나는 그 자리에 있는 사람들을 즐겁게 만들 책임이 있다고 생각했다. 나는 테이블의 유일한 여성이었고 중요한 책임자의 파트너로 참석했던 것이니까. 그러나 행사가 시작되고 한 시간이 지나도록 함께 있던 그 누구도 나의 이름이 무엇인지, 나의 직업이 무엇인지, 혹은 내가 직업이 있는지도 묻지 않았다. 반면 그들은 파트너가 정확히 어떤 업무를 하는지를 궁금해하며 나에게 물었다. "파트너는 이 회사에서 뭘 하세요?", "아, 네, 흥미롭네요. 그 일에 만족하신대요?"

이러한 질문 공세에 나는 "바로 옆에 있는데, 그냥 직접 물어보시죠?"라고 말하는 대신 "네, 좋대요"라고 친절히 대답해 주었다.

그러다 옆 테이블에 있던 어떤 여성이 우리 테이블 쪽으로 다가왔다. 인스타그램 덕분에 나를 안다고 이야기한 그녀는 다가와 함께 사진을 찍을 수 있냐는 뜻으로 입술을 쭉 내미는 포즈를 취했다. 얼마든지요. 만약 그분이 지금 이 책을 읽고 있다면, 당신이 그 상황에서 유일하게 좋은 경험을 주었다는 말을 전하고 싶다. 그 후 얼마 지나지 않아 같은 테이블에 있던 한 남성이 사진을 찍어달라고 요청한 여자가 누구였냐고 물었다.

"잘은 모르지만 아마 나와 사진을 찍으려는 멋진 여성이겠죠?"

내가 이렇게 답하자 그 테이블에 앉은 모든 남성들이 웃음을 터뜨렸다.

"하하, 그래요? 나도 항상 모르는 여자들이 나랑 사진을 찍겠다고 다가와요. 내가 유명하고 잘생겨서 같이 사진을 찍으려고 난리죠. 다들 알죠?"

이에 나는 그녀가 나를 알아본 것이라고 대답했다.

"어디서 알았는데요?"

"인스타그램이요."

나에게도 직업이 있다. 무려 제대로 된 직업이다. 하지만 이 말을 들은 그들은 혼란스러웠던 것 같다. 갑자기 테이블이 조용해졌다.

"오, 그래요…. 흠, 네. 그러면 립스틱 같은 걸 홍보하는 건가요?"

나는 미소를 지었다.

"저는 주로 내면화된 여성혐오나 미디어의 유해함에 대해 이야기하고 콘텐츠를 만들어 올려요. 대중문화와 페미니즘이 제 주요 콘텐츠 주제예요. 엔터테인먼트보다는 인포테인먼트Infotainment 쪽에 가깝죠."

그들의 텅 빈 눈에서 공허한 머릿속 상태가 느껴졌다. 더 이상 어떤 질문도, 아무런 대답도 돌아오지 않았다. 404 에러, 페이지를 찾을 수 없습니다.

"그리고 헤어 모델이기도 하고 샴푸 광고도 해요!" 화장을 하고 예쁘게 꾸민 이 여성과 페미니즘을 도대체 어떻게 연결시켜야 할지 갈피를 못 잡는 남성들 앞에서 나는 이 말도 던져버렸다.

이러한 부류의 남성들은 보통 페미니스트란 못생겨서 남성을 못 만나는 여성이라고 생각한다. 그들이 생각하는 여성들의 궁극적인 목표는 영원히 자신을 사랑해 줄 남성을 찾는 것이기 때문이다.

내가 샴푸 광고 얘길 하자 마침내 그들의 얼굴에 안도감이 퍼지는 게 느껴졌다. 드디어 자기 머릿속 서랍에서 나를 분류해 집어넣을 칸을 찾아내 아주 기뻐 보였다. 압권이었던 것은 그들 중 한 명이 나에게 특정 애플리케이션을 알고 있느냐고 물었던 순간이었다. 나는 그 애플리케이션을 잘 알고 있는 차원을 넘어 일 년 넘게 홍보해 주는 사람이었다.

나는 고개를 끄덕이고 미소를 지었다. 드디어 동등한 위치에서 대화를 할 수 있게 되어 기뻤다.

"네, 그 애플리케이션을 잘 알아요. 저는 그 애플리케이션 홍⋯" 그런데 그가 내 말을 끊었다.

"그렇죠, 비문학 서적을 요약해서 읽어볼 수 있는 애플리케이션이죠. 그쪽이 책을 쓴다기에 아마 관심이 있을 거라고 생각했어요. 맞죠?"

내 말을 못 들은 걸까?

"네." 나는 다시 말을 이어갔다. "이미 말했다시피 저도 잘 알고, 일 년 넘게 제 인스타그램에서 직접 홍보도 하고 있어요. 그리고 지금도 그 애플리케이션 업체와는 긴밀한 협력

관계를…" 이번에는 다른 쪽에서 내 말을 끊는다.

"그 애플리케이션 이름이 뭐라고 했죠? 정확히 어떤 애플리케이션인데요?"

바로 말을 이어가려고 했지만 그 자리에 납신 자칭 해설자가 나보다 빨랐다. 그는 이 애플리케이션의 모든 기능을 하나하나 설명하기 시작했는데, 그마저도 틀린 설명이었다.

나는 그의 설명 중 틀린 부분을 바로잡아 주었지만 그는 또 다시 내 말을 끊고 내 설명이 틀렸다는 것을 설명하기 시작했다.

(다른 테이블에서 계속해서 들려오는 박수 소리)

(치열한 싸움)

그는 내가 광고비를 받고 사람들에게 홍보를 해주는 그 애플리케이션을 나에게 설명하려 했다. 그가 잘못 설명한 부분을 내가 바로잡았을 때 그는 내 말을 정정했다. 내가 그 애플리케이션과 실제로 협업을 하고 있으며, 그래서 그에 대해 당연히 잘 알고 있으리라는 점을 전혀 고려하지 않았다. 결국 그들에게 나는 그가 계속 캐물어 알아냈듯 샴푸 광고나 하는 그런 여성 인플루언서였기 때문이다. 내가 무어라 한마디 설명도 하기 전에 이미 나의 존재는 구분되고 분류되었으며 그의 마음속 서랍 속에 욱여넣어져 버렸다. 편견을 활용한 재빠른 처리였다.

나도 그 경험에 대한 내 생각을 빠르게 정리했다. 일상에서 경험하는 가부장제, 남자들만 득시글거리는 스포츠 중계 행사 테이블, 전부 진부하기 짝이 없는 상황이었다. 누군가는 이러한 일이 발생해도 있었는지조차 모르고 지나갈 수도 있다. 하지만 이런 일은 실제로 빈번히 일어난다.

여성들은 자기 전문 분야에서도 항상 설명을 듣게 되는 위치에 놓인다는 점이 매번 놀랍다. 자기가 설명을 해줘야 하는 위치라고 착각하는 남성에게 딱 걸린다면 전혀 예상치 못했던 상황에 당황스러워 제대로 대응하지 못할 수도 있다. 만약 설명이 필요하지 않다고 딱 잘라 말하기라도 하면 성격이 더럽다는 소리를 들으니까. 그렇다고 그 설명을 참아주면 다음 설명, 다음 설명, 다음 설명, 다음 설명도 참아야 한다. 끝없는 딜레마다. 여성으로 산다는 것은 끝없는 심판과 편견을 마주하는 연속이다.

아직 이 책이 세상에 나오기 전이지만 어떤 리뷰가 달릴지 일부는 벌써 눈에 선하다. 미리 선수를 쳐서, 내가 그 리뷰를 한번 직접 써봤다.

○ 《온 세상이 우리를 공주 취급해》리뷰

↳ ★☆☆☆☆ 저자 타라 비트베어는 문화 연구가인 동시에 인플루언서다. 지난 수년간 패션 위크에 참석하고 립스틱을 비롯한 각종 광고들을 하다가 마침내 제대로 된 일을 하겠다고 결심한 것 같다. 인플루언서로서 라이프 스타일 분야에서 소소

한 성공을 거두었지만, 안타깝게도 이번에는 그러지 못할 것 같다. 벌써 세 번째 책이라는데, 아무리 삼세판이라지만 책을 세 권이나 내는 용기 말고는 좋은 점이 없다.

↳ ★☆☆☆☆ 《온 세상이 우리를 공주 취급해》로 비트베어는 다시 한번 거창한 주제를 겉핥기식으로만 다루었다. 이 책에서 저자는 자기가 일상에서 그 잘빠진 엉덩이 때문에 겪은 차별을 이야기하는데, 솔직히 누가 관심이나 있는 내용일까? 우리가 수백 번은 읽고 들어봤을 법한 이론과 논문에 그저 자기 이야기를 조금 덧붙였다. 솔직히 대학이나 나왔는지 모르겠다. 참, 여자한테 이런 말 하면 큰일 나지! 이 작자는 자기를 피해자로 만드는 걸 즐기는 것 같지만. 이 책에서 말하는 것처럼 실제로 세상은 여자들에게 그렇게 불공평하지 않다. 그리고 솔직히 말해서 세상에는 그 문제보다 더 중요한 다른 일들이 많다.

↳ ★☆☆☆☆ 이 책이 비약해서 말해 혼란스럽기는 하지만 작가가 무슨 생각으로 하는 말인지 알 것 같은 부분도 있다. 하지만 그걸 살려내는 데에는 실패한 것 같다. 중간에 유머나 삽입구가 많아서 가독성이 떨어지고 읽기 피곤하다.

↳ ★☆☆☆☆ 작가는 여성혐오에 대해 누구나 읽을 수 있는 책을 쓰려고 한 것 같지만, 마음만큼 잘되진 않은 것 같다. 뭐, 책 표지는 예쁘다. 이런 말을 하고 싶지는 않지만 겉모습은 '우와' 내용물은 '뭐야'다. 화려한 메이크업과 멋진 껍데기 뒤에는 아무것도 없다.

↳ ★☆☆☆☆ 별점 1.5점

추천하지 않습니다.

이러지도 저러지도 못하게 만드는 평가와 비난

유년기, 청소년기, 심지어 성인이 되어서도 나는 문제 제기를 할 때마다 제발 그러지 말라는 말을 들었다. 같은 반 친구, 선생님, 믿기 힘들겠지만 나도 잠깐 직장 생활을 하던 시절이 있었는데 그때는 동료들에게서도 그런 말을 들었다. 그중에는 마음의 소리가 커서 '어휴, 여자애가 참…'이라는 생각이 다 느껴지는 사람도 있었다. 마음속에 책장으로 가득한 방을 만들기보다는 작은 서랍이 더 편하다며 모든 것을 그 작은 서랍으로 분류해 버리려는 사람들이었다.

만약 불쾌한 농담에 불편한 티를 내면 유머 감각이 없다는 소리를 들었다. 내가 웃을 때면 여자 웃음소리치고 크다는 말을 들었다. 수학을 잘 못하면 역시 여자는 수학을 못한다는 고정관념이 따라붙었다. 반대로 글쓰기처럼 잘하는 것에 몰입할 때면 관심을 받으려고 저런다는 이야기를 들었다. 지금도 내가 무슨 짓을 하든 그들 눈에는 관심종자로 비칠 것이다.

이런 경험을 하는 여자는 나뿐만이 아니다. 지성을 드러내는 여성은 관심을 받고 싶어 똑똑한 척한다는 말을 듣는다. 모델이나 댄서처럼 육체적 매력을 드러내는 직업에는 멍청하고 천박하다는 시선이 따라붙는다. 몸매말고는 아무것도 없는 게 뭐라도 되는 줄 안다거나, 편하게만 산다는 말을 듣기도 한다. 섹스 파트너가 많으면 더러운 여자고 적으면 비싼 척하는 여자다. 그렇다고 성 경험이 없으면 마더 테레사라도 되냐는 말을 듣는다.

엄마를 애인으로 생각하는 사람은 없다. 그런데 틱톡을 보면 꼭 그렇지만은 않은 것 같다. 자기를 위해 요리하고, 청소하고, 빨래해 주는 여성을 만나고 싶다는데 그게 엄마가 아니면 뭐겠는가?

잘 웃지 않으면 성격이 못된 것이고, 성격이 못되면 여자도 아니다. 여자란 자고로 온화하고 편안하며 함께 있는 사람을 즐겁게 만들고 고개를 끄덕이고 미소를 지으며 아무런 생각도 하지 않는 존재여야 하는데 말이다. "오늘 저녁 메뉴는 뭐야?", "너는 술 안 마시지 않아? 맥주 같은 거 안 마시지? 맥주는 주로 남자들이 좋아하잖아"라는 말을 듣고도 가만히 있어야 한다. 여성들을 향한 이러한 심판과 편견에 반해, 남성들은 그냥 자기 자신으로 살아가도 제재받지 않는다.

페미니스트를 원하는 남성은 그 누구도 없다. 페미니스트는 페미니즘에서 나온 말로, 페미니즘이라는 말은 여러 의미를 담고 있지만 남성들에게는 무엇보다 '남자도 요리한다' 정도로 쓰이는 경우가 많다. 그러면 돈은 누가 벌어오나? 여자가? 여성이 돈을 더 많이 벌면 부부 사이에서 남편이 위축되고 남성성에 상처를 입을 수도 있으니 그런 일은 결코 일어나서는 안 된다. 여성은 아무리 능력이 있어도 남성이 위축되지 않도록 자기를 낮춰야 한다. 낮추고 낮춰 비로소 작아지면 "쟤는 자기 생각도 없나 봐. 저런 애를 누가 좋아해"라는 비웃음으로 돌아온다.

"좀 더 풀어봐. 좀 더, 좀 더, 좀 더. 아니, 가슴은 다시 가려. 가슴이 보이면 절대 안 되지."

"그래 너 가슴 있는 거 알아. 하지만 보이는 건 안 돼!"

"모르겠어? 너 때문에 남자들이 집중을 못 하잖아. 쟤네한테 구경거리를 주지 마. 손톱은 왜 또 빨갛게 칠했어? 싸 보여. 가치 있는 사람이 돼 봐."

"오늘 어디 아파? 아, 화장을 안 했다고. 피곤해 보이는데, 혹시 애라도 키워?"

"얘들아, 나도 놀이터에서 시간을 보내고 하루 종일 커피나 마시면 좋겠다. 남편이 애들 봐주는 것에 감사하렴."

"너는 뭘 해줘도 만족할 줄 모르고 항상 불평하고 흠이 나 잡지. 그러니 남편이 바람을 안 피우고 배기겠어? 남자한테는 남자 대접을 해줘야 하는 거야."

여성은 언제나 한발 뒤로 물러나 있는 동시에 모든 것을 해내야 한다. 상대가 무엇을 원하든 결코 부족함이 없어야 한다. 여성은 주변이 과하고 소란스러워질 때도 자기에게 아무것도 남지 않을 때까지 자리에 가만히 있어야 한다. 그러면…

너 왜 아 무 대 답 도 안 하 는 거 야

저기요 저 기 요 저기요 저 기 요

도 대 체 무 슨 생 각 하 는 지

자 기 가 누 구 인 건 지

아 무 말 안 하 는 거

진 짜 건 방 진 데

너 완 전

못 생 겼

어

…

인지 왜곡에 의한
남자들의 뒤틀린 시각

@wastarasagt

기차에서 4인석 자리에 앉아 있는데 맞은편에 앉은 사업가 두 명이 매우 시끄러운 소리로 토론하고 있다. 나는 키가 180센티미터라 발 놓는 공간의 딱 50퍼센트가 필요해 그만큼을 차지하고 있었다. 딱 그만큼, 그 이하도 그 이상도 아니었다. 그런데 맞은편에 앉은 남성은 내가 차지한 50퍼센트 공간에 격분했다. 🙂

　이 글은 내가 지금까지 트위터에 올렸던 글 중에 가장 뜨거운 반응을 받았던 게시물이다. 무려 스물한 시간 동안 기차를 타는 여정이었기 때문에 나는 다리를 뻗을 수 있는 순간만을 고대하고 있었다. 기차 안에 점점 사람이 많아졌고 내 맞은편에도 남성 사업가 두 명이 자리를 잡았다. 아랑곳하지 않고 큰 목소리로 자기들의 사업에 관해 떠들었기 때문에 그들이 사업가라는 정도는 쉽게 알아차릴 수 있었다. 그 와중에도 나는 일을 하기 위해 노트북을 들여다보고 있었지만 맞은편의 남성들은 전혀 신경도 쓰지 않고 계속 큰 소리로 이야기했다. 노이즈 캔슬링 헤드폰을 쓰고 있었는데도 그들의 대화는 또렷하게 들렸다.

나는 4인석 가운데에 있는 테이블 아래에 발을 두고 있었다. 정확히 선 안에서 내 자리만큼만 차지했다. 딱 50퍼센트, 반반이었다. 안티 페미니스트들이 그렇게 반반을 외치듯 나도 누구에게서 그 무엇도 빼앗고 싶지 않았다. 기차 4인석 발 놓는 공간에서 진정한 평등을 구현하려는 시도였다. 하지만 이내 익숙한 불쾌함이 찾아왔다. 맞은편에 앉은 사업가 중 하나가 내 발을 밟는 것이었다. 또, 다시, 계속해서. 따지고 들기 피곤해 나는 아무 말도 하지 않았다. 그렇다고 딱히 발을 치워서 자리를 내주는 행동을 하지도 않았다. 그건 엄연히 내 자리였으니까.

그러다 문득 노트북 화면 위로 살짝 올려다보자 그는 잔뜩 화가 난 얼굴이었다. 다시 말하지만 내가 아니라 그 남성이 화를 내고 있었다. 그는 참을 수 없을 만큼 끓어오르는 분노를

삼키는 것 같았다.★

이게 대체 무슨 상황인지 이해할 수 없던 나는 노트북 위로 몸을 더 숙였는데 그가 갑자기 내 팔을 잡고 흔들었다. 믿기 힘들겠지만 정말로 그랬다. 테이블을 두드린다거나 내 눈앞에 손을 흔드는 대신, 그 슈퍼 쿨 비즈니스맨은 잔뜩 화가 나서 내 팔을 거칠게 잡아당겼다.

나는 헤드폰을 벗고 그를 쳐다봤다. 그러자 그는 큰 목소리로 자기도 발 놓는 공간이 필요하니 혹시 그 공간을 나눠 쓸 수 있겠냐고 프랑스어로 물었다. 나는 미소를 지으며 내 발을 가리키고 차분한 목소리로 "우리는 이미 발 놓는 공간을 아주 정확하게 나눠 쓰고 있다"라고 말했다.

그가 혹시라도 폭발할까 봐 마음에 잠깐 두려움이 스쳤다. 하지만 그는 일어서더니 그냥 가버렸다. 남겨진 다른 사업가는 당황했다. 반면 나는 조금도 당황하지 않았고 이내 만족스러웠다. 남은 여정은 내내 조용하고 평화로웠다.

어떻게 그렇게 갑자기 화를 낼 수 있는지가 궁금했다. 충동 조절이 안 되는 걸까? 아니면 자기가 신이 아니었다는 놀라운 사실을 새삼스럽게 알아차리기라도 한 걸까? 이 궁금

★ 여성들에게 이상한 남성에게 시비를 걸라는 말이 아니다. 나는 키가 큰 편이고, 또 이게 똑똑한 생각이었는지는 모르겠지만 그 순간에는 그가 나를 공격한 한들 두렵지 않았다.

증에 대한 해답을 곧 찾을 수 있었다. 연구에 따르면 남성들은 여성이 특정 공간의 33퍼센트만 차지해도 자기 공간이 침해당하는 느낌을 받는다고 한다. 그런데 나는 무려 정확히 50퍼센트를 차지하려 들었으니 그 불쌍한 남성이 느꼈을 고통은 차마 헤아리기도 어렵다.

나는 틱톡에서 이 현상을 자세히 분석하고 여성과 남성이 눈에 보이는 장면을 얼마나 다르게 인식하는지 증명하는 콘텐츠를 발견했다.[28] 이에 따르면 남성은 한 집단 안에서 여성이 차지하는 비중에 대해 인지적 편향을 겪는다. 여성이 한 집단의 17퍼센트를 차지하면 마치 50퍼센트를 차지한다고 인식하는 것이다. 만약 여성의 비율이 33퍼센트까지 늘어나면 남성들은 그 집단에서 여성이 압도적 다수를 구성한다는 느낌을 받는다고 한다. 여성 비율 33퍼센트만으로 압도되어 넌더리를 내고, 여성이 공간의 33퍼센트만 차지해도 자기가 다른 사람의 발을 밟고 있으면서 자기 발이 밟힌다는 느낌을 받는다니 참으로 대단한 일이다.

또 한 가지 눈에 띄는 사실은 집단 안에 여성의 비율이 적을수록 여성의 발언이 줄어든다는 것이다. 반면 남성의 발언은 집단 내 남성 비율과 관계없이 일정한 비율을 차지한다. 여성이 남성보다 말을 많이 한다는 통념은 사실이 아니다. 여성이 시끄럽다는 인식은 단지 '여성이 말을 한다'는 자체만으로 느끼는 착각이다. 한 집단 안에서 여성이 발언하는 시간이 남성과 동등해지려면 실제 여성 비율은 60~80퍼센트가 되어야 한다고 한다.

어떻게 생각하는가? 여성의 목소리가 크다고 느끼는 건 착각이다. 오히려 여성의 목소리가 커져야 평등해진다. 그러니 마땅히 차지해야 할 자리를 차지해라. 미안한데, 하나도 안 미안하다.

3부

당신이 있는 모든 곳에 넘쳐나는 개소리

DRAMA
QUEEN

타라가 하는 말

초창기 인스타그램은 사진 업로드 위주의 플랫폼이었다. 그러다 2020년 3월 첫 코로나19 봉쇄 조치가 시행되고 동영상 플랫폼 틱톡이 세계적인 성공을 거둔 이후 인스타그램도 점점 영상 콘텐츠에 집중하고 있다.

영상 콘텐츠 유입이 활발해지면서 이용자들 간의 상호작용도 활발해졌다. 15초로 시작한 틱톡 영상 길이는 30초, 60초를 거쳐 이제는 최대 10분까지도 가능해졌다. 동영상 형식만큼이나 주제도 다양하다. 웃음을 유발하는 몰래 카메라 영상부터 교육적인 내용, 글과 음악으로만 이루어진 영상까지 주제와 형식이 천차만별이다. 그 외에도 요리, 리모델링, 메이크업, 운동 루틴, LGBTQIA+ 커뮤니티에 대한 설명이나 페미니즘에 대한 내용도 있다. 말 그대로 모든 것이 다 있다. 그러다 보니 여성혐오적인 콘텐츠도 나온다. "그냥 웃자고 하는 얘기잖아"라며 유머로 포장하기도 하고, 때로는 노골적으로 여성혐오를 드러내는 경우도 있다.

💬 **2022년 1월부터 4월까지 나에게 달린 틱톡 댓글**

↳ "나는 재미있다고 생각했는데"

↳ "좀 웃을 수도 있지"

↳ "농담도 모르는 여자"

↳ "여자가 유머를 알겠냐"

↳ "얼굴에 사마귀나 빼라"

↳ "틱톡할 시간에 애나 낳아라"

↳ "난 여자지만 재미있다고 생각했는데!"

↳ "당신 같은 여자들 때문에 우리 같은 진정한 여자들도 같이 욕먹잖아요"

↳ "내 생각에는 유머를 이해하지 못하는 듯"

나는 틱톡 채널 '타라가 하는 말@wastarasagt'에 여성혐오적이고 성차별적이며 모욕적인 콘텐츠에 반박하는 영상을 주기적으로 만들어 올린다. 소셜 미디어는 특히 젊은 세대가 자신

과 주변 환경을 인식하는 방식에 있어 크게 영향을 미친다고 생각한다. 그래서 한쪽 눈으로, 가끔은 양쪽 눈으로 윙크하며 주제를 쉽고 재미있게 전달하는 것을 중요하게 여기고 있다.

문제가 있는 콘텐츠를 분석하고 나의 의견을 이야기하는 영상을 제작하지만, 혐오 영상을 만든 사람들을 대놓고 조롱하진 않는다. 내가 특정인을 조롱한다고 착각하는 사람도 있는데, 나는 말이나 사고방식에서 잘못된 부분이 무엇인지를 정확히 이야기하는 것을 가장 중요하게 생각한다. 또 그들이 틀렸다고 손가락질하는 대신에 유머를 담아서 설명하려고 노력한다. 재미가 없으면 사람들의 귀는 자연스레 닫힌다. 나는 내 이야기를 최대한 많은 사람이 들어주었으면 한다.

이런 것을 인포테인먼트라고 한다. 인포테인먼트란 어떤 정보나 사회적, 교육적 내용을 짧고 재미있게 전달하는 것을 말한다. 짧고 재미있어야 하는 이유는 소셜 미디어에서 사람들이 집중하는 시간이 약 8초이기 때문이다.[29] 이렇게 말하면 대부분 충격을 받는다. 보통 사람들은 자신이 2~3분 동안 집중할 수 있다고 착각하지만 사실은 그렇지 않다. 사람이 집중할 수 있는 시간은 고작 8초다.

이 8초 만에 오락적인 요소가 등장해야 짧은 시간 안에 정보를 전달할 수 있다. 그래서 나는 주로 냉소적이고 비꼬는 방식으로 시선을 끌거나 아니면 아무 행동도 하지 않고 그냥 정면만 응시하기도 한다. 아주 오래, 하지만 8초는 넘지 않을 정도로만.

　종종 내가 만든 콘텐츠가 인기 동영상이 되는 경우가 있다. 그 말은 내 채널을 구독하는 사람뿐 아니라 나를 모르는 사람들도 내 영상을 보게 된다는 것이다. 그들은 나와 나의 유머 스타일, 나의 콘텐츠, 내가 어떤 주제를 다루는지 모르는 사람들이다. 그럴 때 달리는 댓글은 대부분 비슷하다. 영상이 재미가 없다거나, 내가 유머 감각이 없다는 것, 아니면 내가 풍자를 모른다거나 블랙 유머를 이해하지 못했다는 내용이다. 이런 댓글에 대한 나의 대답은 언제나 같다. 성차별은 유머가 아니고요, 여성혐오는 재미가 없습니다.

　하지만 여성을 소재로 한 농담이 재미있다고 생각하는 사람들은 소수가 아니다. 오히려 그 규모는 생각보다 훨씬 더 크고 깊다.

레온과 루카스는 왜 나를 싫어할까?

나는 꽤 오랫동안 소셜 미디어에서 유머와 몰래 카메라를 소재로 하는 콘텐츠를 관찰해, 이를 바탕으로 '#틱톡의유해함TikToxic'을 만들었다. 여성혐오적인 유머를 팔아 인기를 끌려는 남성이 만든 유해 콘텐츠와 그런 남성들이 가지는 잘못된 이상을 논평하고 분석할 때 이 해시태그를 달아서 올린다. 내 콘텐츠를 좋아하는 사람도 많지만 반대로 좋아하지 않는 사람도 많다.

소셜 미디어에서 모든 사람이 나를 좋아하진 않는다. 놀라운 지점은 나를 좋아하지 않거나 심지어 경멸하고 증오하는 사람들은 대부분 성인 남성과 소년이라는 것이다. 이들은 내가 자기들을 공격하고 비하하고 있으며, 자기들은 내가 만들어 올리는 영상의 피해자라고 생각한다. 보통은 콘텐츠에 마음에 들지 않는 내용이 있더라도 무시하고 지나갈 텐데, 어찌 된 일인지 내가 올리는 콘텐츠만큼은 그냥 지나치지 않는다. 그리고 내 콘텐츠에 대해, 나에 대해, 내 생각에 대해, 내가 어떤 사람인지에 대해, 내 외모에 대해 꼭 한마디라도 남기고 간다. 요즘에는 레온이나 루카스★가 모욕성 메시지나 댓글을 매일 같이 달고 있다. 내 인스타그램 계정의 메시지 요청 탭에 들어가면 모욕성 메시지가 가득하다.

　우선 대부분은 내 외모에 대한 욕설이다. 내 영상을 볼 때 가장 눈에 띄는 부분부터 공격하는 것이다. 이 친구들의 메시지를 보다 보면, 이들은 내 삶의 목표가 세상의 모든 남성에게 매력적으로 보이는 것이라고 생각하는 듯하다. 열다섯에서 스물다섯 살로 추정되는 이 남성들의 머릿속에는 내가 남성들이 나를 어떻게 생각하는지 전전긍긍하는 대신 나 자신을 사랑하는 사람이 되고자 한다는 선택지가 아예 없다. 이들이 살고 있는 세상에서는 남성이 바람직한 외모의 여성상을 결정한다. 그러니 그 기준에 맞지 않는 여성에겐 남성이 외모를 비하하는 말을 거리낌 없이 할 수 있고, 그런 말들이 그 여성에게 영향을 미쳐야 한다고 생각한다. 그러니 자신의 말이

★　놀랍게도 내 계정에 들어와 나에게 악성 댓글을 다는 남성과 소년 들의 이름 중에는 레온과 루카스가 정말 많다.

나 행동이 여성들에게 아무런 영향도 미치지 못한다는 사실을 맞닥뜨려도 절대로 받아들이지 못하는 것이다. 레온과 루카스가 보기에는 여성인 내가 남성을 만나지 못하는 건 상상만으로도 정말 끔찍한 일이니, 그런 말을 내뱉으면 내가 정말로 불쾌할 거라고 생각한다. 이들에게 '혼자'라는 것은 절대로 겪고 싶지 않은 일이자 나쁜 일이다.

연구에 따르면 다양한 사회 집단 중 자녀가 없는 독신 여성의 행복도가 세계적으로 가장 높다고 한다.[30] 나만 하더라도 파트너가 없는 삶을 상상하면 특별히 당황스럽지는 않다. 삶에는 다양한 방식으로 채울 수 있는 관계들이 있다. 그리고 사랑받지 못한 괴팍한 여성이 고양이에게 밥이나 주며 살아간다고 붙여진 편견 가득한 이름인 크레이지 캣 레이디에 힘을 실어주자면, 고양이와 함께하는 삶도 있다. 고양이는 가끔 소파에 토하기는 하지만 적어도 내 여동생과 바람을 피우지는 않는 훌륭한 반려자다.

다시 레온과 루카스에 대한 이야기로 돌아가자. 지금 내게 파트너가 있다는 점은 논외로 하고, 이들은 생각하는 여성은 남성을 만나지 못한다고 확신한다. 마치 '축하합니다. 한 남성이 당신을 선택했습니다!' 하며 남성의 간택이 감사한 선물이라도 된다고 여기는 태도다.

동물의 세계로 눈을 돌려 보면 자연에서는 정반대의 상

황이 펼쳐지기도 한다. 생물학자이자 여성학자인 마이케 슈토베로크Meike Stoverock의 저서 《여성 선택》에 따르면 보통 암컷이 선택권을 쥔다. 예를 들어 작고 발랄한 새들만 봐도 수컷이 암컷의 눈에 들기 위해 구애의 춤을 춘다. 수새들은 화려한 깃털로 몸을 감싸고 '여기야! 안녕, 나를 선택해 줘. 내가 너를 위해 싸울게. 봐, 나는 이렇게 아름답고 네 짝으로 딱 맞지!'라는 듯 암컷에게 구애한다.

인간의 세계에서도 먼 옛날에는 여성이 어떤 남성과, 언제, 어디서, 얼마나 자주 섹스할 것인지를 스스로 결정하던 시절이 있었다. 여성에게 섹스의 선택권이 있던 때이다. 남성이 여성의 권리를 억압하고 여성이 내려야 할 결정을 본인이 하기 시작한 시기는 가부장제가 도입된 이후였다. 그 후 사회는 남성에 의해, 남성의 필요를 위해 형성되었다.[31] 그만큼 여성의 요구는 무시되고 억압되었다는 뜻이다.

훗날 여성의 권리와 평등을 위한 페미니즘 투쟁이 전개되었고, 여성이 다시금 자유롭게 파트너를 선택할 수 있게 되면서 이제는 여성에게 반복적으로 거부당해 좌절하는 남성들이 생겨났다. 그리하여 알파 메일과 인셀이라는 이중 구조가 만들어졌다.

알파 메일: 우두머리 수컷

소셜 미디어에는 오직 여성혐오를 전파하기 위한 목적으로 만들어진 계정이 많다. 그들 중 일부는 자신을 여성혐오자라고 지칭하는 대신 '알파 메일Alpha male'이라고 부른다. 인스타그램 프로필에서 늑대와 근육 팔 이모티콘을 사용해 이들이 강조하는 것은 딱 한 가지, 우월함이다. 자신들은 여성을 동등하게 사랑해 줄 뿐, 지배하지 않는다고 착각한다. 그러나 이들은 다른 남성들보다도 스스로를 우월한 종족이라고 여기고 있으니 자기들이 여성보다 우월하다고 생각하는 관념은 말할 필요도 없다. 이런 식으로 알파 메일은 해로운 남성성을 이상으로 추구하고 남성성이 가진 문제점을 미화한다.

"우리는 남성들이 성인으로 나아가는 과정을 열정적으로 지원합니다"[32]라는 슬로건을 내건 '성인 남성The Adult Man'이라는 사이트가 있다. 이 사이트에서는 알파 메일을 이렇게 이해한다. "알파 메일이란 최상위 계급에 속한 남성이자, 최고 수준의 사회적, 성적 지위를 누리는 남성을 말한다. 알파 메일은 강한 리더로 타고났다. 다른 남성들은 이들을 우러러보며, 여성들도 당연히 이들을 갈망한다."[33]

휴, 그러니까 알아들을 수 있는 말로 번역하자면, 알파 메일이란 사회적, 성적 계급에서 어쩌고저쩌고 강하고 타고난 지도자 어쩌고저쩌고하는 것이다. 그리고 그들은 웃긴 말을 덧붙이는데, 지배당하는 남성들은 동경하고, 여성들은 그토록 원하고 열망하는 존재라는 것이다. 한마디로 그냥 '끝내주는 놈'이다. 이 정의 자체만으로도 이미 문제투성이지만 그 외에도 흥미로운 관점이 눈에 띈다.

첫째, 이들은 모든 남성이 여성에게 욕망되기를 원한다고 가정한다. 즉, 이성애 이외의 다른 성적 지향성은 존재하지 않으며, 다른 젠더도 마찬가지다. 한 가지 존재하는 자들이 있다면 알파 메일의 라이벌인 '베타 메일Beta male'이다. 여기서 베타 메일은 알파 메일에 비해 뛰어나지 못하며, 별 가치가 없는 남성이다. 둘째, 알파 메일이 다른 사람들로부터 존경받는 남성[34]이라는 것이다.

코넬대학교 교수이자 철학자 케이트 맨Kate Manne은 저서 《다운 걸: 여성혐오의 논리》에서 알파 메일 현상과 남성들이 동성의 호감을 얻고자 하는 이유가 무엇인지 다루었다. 왜 남성들은 다른 남성들의 호감을 갈망하는 걸까? 운동을 예로 들어 보자. 헬스장에서 남성들은 다른 남성의 운동 능력을 인정해 주고 트레이닝 방식에 대한 정보를 나누며 탈의실에서 자신의 탄탄한 몸을 과시하는 셀카나 동영상을 촬영해 올리기도 한다. 그렇게 업로드한 영상에는 마찬가지로 헬스 마니아 남성들이 아낌없는 칭찬의 댓글을 달아준다.

반대로 이들은 여성의 신체 활동에 대해서 무시하거나 성적 대상화하는 경우가 많다. 소셜 미디어만 봐도 여성이 헬스장에서 운동하는 모습을 찍어서 올리면 무시하는 반응이다. 그렇지 않으면 헬스장에서 바벨을 드는 여성을 모욕하거나 쳐다보거나 추근대는 영상을 쉽게 찾아볼 수 있다. 그중에는 "진지하게 파고들지 마. 운동과 건강한 신체에 대한 여성의 권리를 부정하면 웃기잖아"라는 식의 유머로 혐오를 소비하는 영상도 있다.

이들은 운동한 티가 나서 근육으로 다져진 여성의 몸은 선호하지 않는다. 여성이 취하는 모든 행동이 남성을 기쁘게 해주기 위한 것이라고 인식하는 지점을 보여준다. 그뿐만 아니라 남성이 여성의 신체에 대한 권리를 가진다고 여긴다는 증거이기도 하다. 그럼 운동을 전혀 하지 않는 여자라면? 만물의 지배자이신 남정네들께서는 그것도 싫으시단다. 여성에 대한 기준을 자기들끼리 마음껏 정해두고 그것을 추구하는 꼴이다. 알파 메일의 논리에 따르면 헬스장에 가는 이유는 남녀를 불문하고 오직 남성의 마음을 얻기 위함이다.

운동 경기를 볼 때에도 남성 무리는 결속력을 보여준다. 이런 남성들은 여성을 팀의 일원으로 끼워주지 않겠다는 열정과 의지로 가득하다. 수백만 명의 남성이 매주 수요일과 토요일에 축구 경기장으로 몰려든다. 중계까지 포함하면 사실상 매일 축구를 본다고 해도 무방하다. 여기에 핸드볼, F1, 동계 스포츠, 경기 전 뉴스, 경기 중계, 그리고 경기에 대한 보도까지 이미 본 것을 보고 또 본다.

그들은 남성에게 축구는 반드시 존중받아야 하는 영역이라고 주장한다. 연인이나 부부라 해도 축구 관람을 받아들이지 못하는 여성은 남성에게 스트레스를 주는 사람, 피곤하게 만들며 과하게 행동하는 사람이 되어버린다. 남성을 압박하고, 남성이 취미를 즐기지도 못하게 하며, 공동육아와 가사 분담을 요구하며 들들 볶는 사람으로 만드는 것이다.

아, 오해는 하지 말라. 취미가 있다는 건 중요한 일이다. 문제는 스포츠가 단순한 취미를 넘어서 우선순위가 뒤바뀐 경우다. 이건 어떤가? 주요 축구 경기가 개최될 때마다 여성을 상대로 한 폭력 사건이 증가한다. 영국 랭커스터대학교의 연구에 따르면 여성을 대상으로 한 가정 폭력은 월드컵 기간에 특히 급증하는데,[35] 자신이 응원하는 팀이 승리할 경우 26퍼센트 증가하고, 패배한 경우에는 38퍼센트 증가한다. 특히 축구 경기를 볼 때 알코올 소비가 증가하는 현상도 여기서 중요한 역할을 한다.★

어떤 남성들은 골이 터졌을 때 여성이 함성을 지르면 시끄럽다고 참지 못한다. 반면 남성이 같은 행동을 하면 열광적이라고 말한다. 같은 행위를 두고 불공평하게 반응하는 행위는 직장에서도 빈번히 발생한다. 직원에게 소리를 지르는 남성 상사는 동기를 부여하는 리더의 모습이지만 여성 상사는 히스테리이자 통제력 없는 모습이다.

다시 축구 이야기로 돌아오면, 남성들은 축구에서 유독 자기들만의 성역을 구축하고 다른 남성을 열성적으로 응원한

★ 가정 폭력에 관한 캠페인이나 상담 센터에서는 "가정 폭력에 레드카드를!"이라는 슬로건으로 사용하는 경우가 많다. 독일의 가톨릭 구호단체 카리타스Caritas는 가정 폭력을 신고할 수 있는 웹사이트 www.rotekartezeigen.de를 개설하기도 했다.

다. 왜 일부 남성들은 무슨 수를 써서라도 다른 남성의 마음에 들기 위해 노력하고, 남성들만의 영역을 사수하려 하고, 동성끼리만 취미를 공유하려는 걸까?

젠더학자이자 사회학자인 프란치스카 슈츠바흐Franziska Schutzbach는 저서 《지쳐버린 여성들Die Erschöpfung der Frauen》에서 이 현상이 '동성 사회성Homosociality'으로부터 기인한다는 것을 밝혀냈다.[36] 동성 사회성이란 남성들끼리 인정하고 인정받으며 형성하는 유대감을 말한다. 관심은 이성에게 바라지만 인정은 동성에게 바란다는 뜻이다. 동성 사회성 속에서 여성은 연애할 때나 성적 관계에서만 필요시 된다. 여성 인권에 대한 의식은 말할 것도 없다.

사실 남성 페미니스트가 아니고서야 애초에 여성의 의견 따위는 관심조차 없었다. 안타깝게도 굳어진 사고 패턴 때문에 남성 페미니스트조차 자기도 모르게 이렇게 생각하거나 행동하기도 한다. 슬픈 현실은 여성도 마찬가지라는 것이다. 이미 마음속 깊은 곳에 자리 잡은 여성혐오 때문이다. 이처럼 내면화된 여성혐오에 대한 혐의는 그 누구도 피할 수 없다.

동성 사회성은 알파 메일들 간의 연대를 잘 설명해 준다. 남성은 다른 남성의 칭찬에 예민하게 반응하며 그들의 인정을 받기 위해 애쓴다. 물론 자기 자신을 사랑하여 몸을 가꾸기 위해 운동을 한다는 건 좋은 일이다. 하지만 알파 메일을 꿈꾸는 이들은 열심히 몸을 만들고 난 뒤 헬스장에서 다른 남성들이 말을 걸어주기를, 몸이 멋지다고 인정해 주기를, 또는 인스타그램에서 "기계 같아! 완전 짐승! 몸이 엄청나네요, 형님!"과 같은 댓글을 받고 싶어 한다. 물론 칭찬의 마지막 문장에는 "게이 아님"을 반드시 붙여 그를 향한 찬양이 성적인 유혹으로 받아들여지지 않게 해야 한다. 알파 남성으로서 동성애자라고 오해받는 불상사가 발생하기 전에 싹을 잘라버려야 하니까.

정리하자면 알파 메일은 부유하고 몸이 좋으며 여성을 지배하여 다른 남성들의 선망을 받는 사람이다. 알파 메일의 세계에서는 여성이 혼자서 파티에 가거나, 다른 남성과 친구로 지내거나, 달라붙는 옷을 입는 건 허용되지 않는다. 그들의 세계에서 지배적인 면모는 곧 우월함으로 받아들여진다. 물론 나의 세계에서 지배하려는 남성은 분노와 통제로 자신의 불안정함을 감추려는 유해하고 강박적인 사람일 뿐이다.

알파 메일의 반대가 바로 베타 메일이다. 알파 메일은 무엇이든 다 이루고 싶다며 여기저기서 자신을 과시하고 돌아다닌다. 하지만 베타 메일만은 사절이다. 이들은 베타 메일이 되는 것을 최악이라고 생각한다. 물론 만약 가능하다고 했을 때 여성이 되는 게 이들에게는 제일 끔찍한 일이겠지만. 아무튼 알파 메일이 보기에 베타 메일은 가난하고 몸도 좋지 않으며 여자도 없고 자기 의견을 끝까지 밀어붙일 카리스마도 없는 겁쟁이 패배자다.

남성인권운동가: 여성 한정 테러리스트

"현대 여성혐오의 정수로 떠나는 여행A journey to the heart of modern misogyny". 소설가 스티븐 마르슈Stephen Marche는 《가디언》에 이 제목으로 칼럼을 쓴 적이 있다. 여성혐오를 모토로 내세운 한 집단에 대한 내용이었다.[37] 그가 쓴 제목만큼 탁월한 문장이 있으려나?

여성혐오는 '여자들이란 참 과해'라는 식으로 일상에서 미묘하게 이루어질 뿐만 아니라 생명을 위협할 정도의 물리적 폭력으로도 나타난다. 알파 메일도 여성혐오를 일삼지만 그보다 더 과격한 집단이 있다. 그중 하나는 '남성인권운동가Men's rights activists, MRA'다. 이들 중에는 픽업 아티스트★도 있으나, 대부분은 자기들을 피해자로 생각하고 공격적인 행동을 보이는 특징을 가지고 있다.

남성인권운동가들은 기본적으로 현대 남성들이 억압받

★ 픽업 아티스트란 특정한 심리적인 기법을 활용해 성교를 목적으로 여성을 유혹하는 남성을 말한다.

는다고 생각한다. 세계를 지배하는 자들은 여성이며, 남성은 여성들에게 밀려 고통을 받는다고 주장한다.

2020년 영국에서 진행된 한 대규모 연구에서 우려스러운 결과가 도출되었다. 열여섯에서 스물네 살 남성 청소년의 50퍼센트, 즉 두 명 중 한 명은 남성들이 실패를 경험하는 이유를 페미니즘 탓으로 돌리고 있으며 페미니즘 때문에 성공하는 삶이 어려워졌다고 믿는다는 것이다.[38] 그리고 페미니스트의 과도한 주장들 때문에 남성들이 성공하기가 어려워졌다고 생각하는 남성 청소년이 36퍼센트로, 그렇게 생각하지 않는 남성 청소년 비율보다 많았다. 심지어 젊은 성인 남성의 경우에는 페미니즘 때문에 남성들의 성공이 어려워졌다고 믿는 비율이 50퍼센트였으며, 그렇게 생각하지 않는 비율은 21퍼센트에 불과했다.[39]

만약에 이 글을 인스타그램에 쓰고 있었다면 많은 사람이 충격받은 표정의 이모티콘을 붙였을 것이다. 수년에서 수십 년간 사회운동과 인권 교육이 이루어졌던 것을 생각하면 도저히 있을 수 없는 결과이기 때문이다. 그러나 남성인권운동가 계정은 점점 더 많은 인기를 얻고 있으며, 그중에서도 특히 젊은 남성들에게 많은 영향을 끼치고 있다.

작가 에밀리 글레이저Emeli Glaser는 《타츠taz》에 "틱톡에서 이루어지는 여성혐오, 여기에는 존중도 문화도 없다"라는 제목의 기사를 썼다. 이에 따르면 틱톡에는 약 20만 명의 팔로워★를 보유한 남성인권운동가들이 있고, 이들은 팔로워에게 나처럼 페미니즘을 말하는 계정이나 사회운동 관련 계정을 공격하라는 지령을 내린다.[40] 지령을 받은 팔로워는 반페미니즘 운동에 전념해 페미니스트나 여성 활동가의 소셜 미디어에 찾아가 여성을 비하하고, 침묵하게 만들고, 무시하는 댓글을 단다.

그들이 댓글에서 주로 하는 말을 살펴보면 페미니스트가 주장하는 말과 겉으로는 비슷해 보이나 자세히 들여다보면 정반대다. "남성은 차별받는다! 남성은 여성보다 공사장에서 일을 더 많이 한다! 남성의 해방을 요구한다!" 뭐 이런 식이다. 물론 사실이 아닌 주장들이다. 백인 남성에게 인종차별이란 존재할 수 없는 것처럼, 백인 이성애자 남성에 대한 사회적 억압이 있을 리가.

나도 남성인권운동가 계정의 공격을 받은 적이 있다. 이 책에서 구체적으로 어떤 계정이었다고 말하지는 않겠지만 어떤 구독자를 대상으로 하는 계정인지는 딱 봐도 알 수 있었다. 그 계정에는 심지어 내가 만든 동영상만 따로 모아둔 스토리 하이라이트도 있었다. 그 계정 운영자는 1년 넘게 내 콘텐츠

★   대부분 남성들이다.

를 차단하고 나를 비방하는 게시물을 올리는 식으로 내 이름에 먹칠을 해 직업적인 성취를 방해하려 했다. 그리고 이 계정 팔로워들은 파도처럼 몰려와 내 게시물에 악성 댓글을 달거나 메시지를 보내 내가 진정한 페미니스트가 아니며, 도리어 남성혐오자라고 거세게 비난했다. 가난하고 차별받는 이 시대 남성들에게 더욱 불리한 세계를 만드는 일에 내가 일조하고 있다고 주장했다. 마치 내 말에 면역 반응이라도 일으키는 듯 내가 무슨 말을 하려고 해도 전혀 들어먹질 않았다. 그러고는 자기들이 만든 세계관에 맞추기 위해 이 세상을 왜곡하고 또 왜곡했다.

글레이지의 기사에 따르면 남성인권운동가는 자신들이 페미니즘에 물든 세계의 피해자라고 생각한다. 그래서 여성들에게 언어적 공격을 퍼붓는 행위가 정당한 방어라고 여긴다는 것이다.[41]

여성을 비하하는 농담은 지금도 여전하다. 토론이 필요한 현장에서는 여성을 점점 더 배제하는 방향으로 악화되고 있다. 여성을 무시하는 현상은 예나 지금이나 여전하지만, 이제는 단지 여성이라는 이유만으로 모욕성 댓글을 달아 온라인에서 여성들이 자기 의견을 편하게 말하거나 자유롭게 토론하지 못하도록 의도적으로 막고 있다.

기자이자 칼럼니스트인 사샤 로보Sascha Lobo는 독일 시사

주간지 《슈피겔》에서 여성혐오가 만연한 소셜 미디어의 풍토를 지적했다. 오래 지속되어 온 가부장제가 온라인으로 장소를 옮겨졌다는 것뿐이지만, 문제는 인터넷이라는 특성에 의해 여성혐오가 전파되는 속도가 극단적으로 빨라졌다고 꼬집는다.[42]

성폭력에 대한 논의로 가면 상황은 더 나빠진다. 놀랍게도 대중은 성폭력 사건을 두고서 남성의 편을 든다. 피해 여성이 남성을 성폭력으로 고발해 승진하거나 이득을 취하려 한다고 생각하는 사람들이 있다. 완전히 터무니없는 소리다. 그런 식으로 경력을 쌓고 승진한 사례가 한 건이라도 있으면 제발 나에게 알려 달라.

케이트 맨 교수는 성폭력 가해자로 고발당한 남성에게 공감하는 현상을 '힘패시Himpathy'라고 규정했다. 사람들은 강간범이나 중범죄자들의 얼굴이 혐오스럽고 추하다거나 마치 뿔이라도 달려 지옥에서 튀어나온 얼굴이라고 생각한다.[43] 그래서 자기들이 좋아하는 가수, 배우, 코미디언이 성폭력을 저질렀다는 소식이라도 듣게 되면, "뭐? 말도 안 돼. (그렇게 아름답게 노래하는 / 그렇게 연기를 잘하는 / 많은 사람을 즐겁게 해주는) 그 사람이 그런 일을 저지를 리 없어!"라며 펄쩍 뛴다.

성폭력 피해자들은 피해 사실을 고발하면 오히려 자신

이 가해자가 된 기분을 느끼게 된다. 피해 여성의 신고 때문에 가해자 남성이 성취하고 이뤄놓은 탑이 한 번에 무너졌다고들 여기니까. 이것은 절대로 사실이 아니다. 대부분의 가해자 남성은 성폭력으로 고발당하고 나서도 빠르면 몇 개월부터 몇 년 안에 복귀할 수 있고 심지어는 인기도 회복된다. 그러나 맨 교수에 따르면 이때 피해자의 악마화는 일사천리로 이루어진다.[44]

자, 이토록 어두운 이야기 가운데 희망의 불을 하나 비추자면 우리가 미투 운동으로 놀랄 만한 진전을 보았다는 점이다. 미투 운동 이후 여성의 성폭력 고발에 대한 신빙성이 예전에 비해 조금 높아졌다. 뭐 항상 그런 건 아니다. 법정이나 필터 버블★ 속에서 제대로 된 판결이나 반응이 나온다고 해도 우리가 가야할 길은 멀다. 여성의 목소리가 높아질수록 여성을 향한 분노의 목소리도 커지니까. 남성의 잘못된 행동을 지적하는 목소리, 예상했던 것보다 큰 목소리, 지금까지는 없었던 무언가를 요구하는 목소리, 불편하고 단호한 여자들의 목소리. 이런 목소리가 점점 더 커지면 "꼭 그렇게까지 해야

★   필터 버블이란 인터넷에서 같은 의견을 가진 사람들이 서로의 의견을 지지해주고 서로가 작성한 글만 읽는 환경을 의미한다. 예를 들어 나는 정치적으로 진보 진영과 페미니즘 버블 속에서 활동한다. 그 외 남성인권운동가와 인셀 버블 속에는 연구 목적으로만 접속한다.

해?"라고 반문하겠지만, 우리는 그렇게 해야 한다.

인셀: 비자발적 독신주의자

별다른 사건이나 이유 없이 그냥 여성을 비하하는 남성들이 있다. 대표 주자가 '인셀Incel'이다. 이들은 남성인권운동가와 마찬가지로 다소 급진적인 방식으로 여성혐오를 표출하기도 한다. 인셀은 자기 의사와 관계없이 독신이 된 남성을 말하는 '비자발적 독신주의자Involuntary celibates'의 줄임말이다.

인셀은 여성들과 잘 어울리지 못하는 경우가 많은데, 대부분 청소년기부터 그렇다. 하지만 그 이유가 꼭 외모 때문만은 아니다. 여성들이 이들을 거부하는 데에는 여러 가지 이유가 있다. 여성과 가까워지려는 인셀의 태도나 방식이 여성이 생각하는 방식과 다르거나, 별로 궁금하지 않은 독특한 취미 얘기를 잔뜩 늘어놓는 경우도 있다. 예를 들어 레고로 우주선 만드는 법이라든가 컴퓨터 게임 같은 취미들 말이다. 참고로 나 역시 좋아하는 취미 중 하나지만 내가 이런 얘기를 했을 때 관심을 보이는 사람은 아무도 없었다. 겉으로 보기에 매력이 없거나 청결하지 않은 경우도 있다. 또는 별것 아닌 일을 혼자서 깊게 파고드는 경우도 있다. 아니면 그냥 여성혐오자이기 때문에 그런 경우도 있다.

여성도 데이트하고 싶은 상대를 자유롭게 선택할 수 있고, 남성 없이도 스스로 커피를 사거나 집세를 낼 수 있는 시대다. 여성은 누구와 잠을 자고 자지 않을지 선택할 수 있다. 이렇게 되자 어떤 남성들은 반복적으로 여성으로부터 거부를 받고 좌절한다. 여기서 좌절이란 여성이 자신을 거부할 수 있다는 사실에 대한 좌절과 실제로 거부당했다는 데에서 오는 좌절이다. 또한 예전과 달리 여성들이 자유로워지자 자기들의 성적 충동을 행동으로 옮길 수 없는 것에 대한 좌절이기도 하다. 자기에게도 섹스할 권리가 있다는 생각이 들면서 '예전에는 다 좋았는데'라는 식의 사고방식이 결합해 갑자기 폭발하게 된다.

한마디로 여성의 자유의지가 인셀에게는 본능적으로 거슬린다. 여성과 관계를 맺는 데에 성공한 남성을 보면 인셀의 분노는 헤아릴 수 없을 만큼 커진다. '왜 쟤는 되고 나는 안 되는데?'라는 생각은 이내 '왜 쟤들은 여자를 고를 수 있고 나는 안 되는데?' 아니면 '내가 가질 수 없다면 아무도 가질 수 없어!'라는 생각으로 변질된다.[45]

인셀이 일으키는 강력 범죄도 증가하는 추세다. 이들은 여자를 만나고, 사랑받고, 연락하고, 사귀고 싶지만, 선택받지 못한다. 여성은 이들이 아닌 다른 남성을 택하기 때문이다. 인셀은 여성의 거부에 마음의 상처를 크게 입은 나머지 자신이 그토록 갈망하던 여성을 죽이고 싶은 마음에 이른다. 혐오와 수치심, 분노가 뒤섞인 감정이다. 인셀은 자신이 못생겼다고 생각해 자기 외모에 수치심을 느끼거나 아니면 그 반대로 자신이 알파 메일이지만 여성들은 이를 알아차리지 못한 것뿐 이라고 착각한다.

인터넷에서 인셀들이 자주 모이는 곳에는 '빨간 약'이나 '자기 갈 길을 가는 남성들' 같은 은어가 등장한다. 이 용어의 의미를 간략하게 설명해 보려고 한다.

빨간 약

영화 〈매트릭스〉는 매트릭스라는 숨겨진 가상현실 안에서 '빨간 약Red pill'을 삼키게 되면 현실을 깨닫고, 반대로 파란 약을 삼키면 가상현실이 그대로 유지되면서 진정한 현실을 깨닫지는 못한다는 설정이다. 그런데 독일에서도 자기들이 빨간 약을 삼키고 비로소 현실을 깨달았다고 떠드는 남성들이 많아졌다. 이들이 빨간 약을 먹고 깨달았다는 진짜 현실은 여성이 지배하며 남성은 구조적으로 억압을 받는 세계를 지칭한다.

자기 갈 길을 가는 남성들

남성계 커뮤니티에서는 'MGTOW'라는 약어가 흔하게 사용되는데, 이는 '자기 갈 길을 가는 남성들Men going their own way'이라는 뜻을 가진 단어의 줄임말이다. 여성에게 억압당하지 않고 여성과 상관없이 자기 갈 길을 가겠다고 주장하는 남성들이 쓰는 말이다.

이들 중에는 연애나 결혼은 물론, 심지어 여성과의 어떠한 접촉도 허용하지 않는 경우가 있고 여성과는 어떠한 타협도 하지 않을 것이며 여성은 남성에게 복종할 의무가 있다고 생각하는 남성도 있다. 자기들의 주장을 뒷받침할 성경 구절을 인용하기도 한다. 이들은 여성을 억압하기 위해 종교 교리를 이용해 잘못된 주장을 펼치는데, 대개 교리를 잘못 해석한 경우가 많다.

남성계

'남성계Manosphere'는 여성을 혐오하는 남성의 상위 개념이자 그러한 남성들이 활동하는 온라인 공간을 말한다. 남성계 커뮤니티에서 활동하는 회원들은 극단적으로 여성혐오적이며 반페미니즘적 성향을 보인다. 이들은 여성을 남성의 소유물이나 강간을 당해도 되는 존재로 여기며, 심지어 강간당하는 것이 마땅하다는 생각을 공유한다.

남성계 커뮤니티에서는 남성인권운동가와 인셀들이 활발히 활동하며, 여성혐오적인 사상을 교류하고 확산시킨다. 레딧, 틱톡, 트위터, 유튜브, 페이스북, 인스타그램에서 이러한 사상을 가진 젊은 남성들이 다양한 계정을 운영하고 있다.

가라, 남성들이여!

인셀과 남성인권운동가들의 구호 중 잘 알려진 것으로는 '가라, 남성들이여!Go, ER!'가 있다. 이는 '가라, 엘리엇 로저!'에서 나온 말이다. 앞서 말했던 산타바바라 총기 난사 사건의 범인인 엘리엇 로저, 그 사람 말이다. 그는 범행 직전에 "드디어 너희들이 내가 사실은 우월한 존재였으며, 진정한 알파 메일이었다는 사실을 알게 될 것이다"[46]라고 말했는데, 그가 범행 후 인터넷에 올린 선언문은 인셀들의 상징이 되었다. 엘리엇 로저는 남성계 커뮤니티에서는 성인과 같은 존재로 추앙받는다.[47]

내 방식을 따르지 않을 거면 가라

'내 방식을 따르지 않을 거면 가라My way or highway'는 자기 갈 길을 가는 남성들이 타협을 거부할 때 쓰는 말이다. 이들은 여성들의 요구를 절대로 받아들이지 않는다.

채드

'채드Chad'는 인셀과 남성인권운동가들이 싫어하는 남성 상이다. 채드는 많은 여성에게 어필할 수 있는 이상적인 외모를 가진 남성으로, 이러한 유형의 남자들이 모든 여성을 차지하기 때문에 인셀이 짝을 찾지 못하고 홀로 남겨진다고 생각한다.

남성계 커뮤니티에서 채드는 밈처럼 사용된다. 채드는 각진 턱에 머리숱이 풍성하고, 운동을 한 덕분에 탄탄한 몸을 가지고 있으며, 체격이 크고 골격이 좋고, 곧은 코를 가지고 있다. 바비의 남자 친구인 켄 같은 스타일이다. 그리고 외모가 주는 특권을 누리며 이성과의 관계도 좋은 이상적인 남성이다. 채드는 인셀들의 롤 모델이자 적이다.

페모이드

'페모이드Femoid'란 남성계 커뮤니티에서 여성을 지칭하는 표현으로, '여성성Feminine'과 인간 형태를 한 로봇을 뜻하는 '휴머노이드Humanoid'를 조합한 말이다. 즉, 여성 휴머노이드를 의미하며 아름답고 성적으로 활동적인 여성을 뜻한다. 이 표현은 여성을 제어하고 조종할 수 있는 로봇으로 여기는, 여성의 인간성을 부정하는 멸칭이다. 페모이드를 '포이드Foid'라고 줄여 말하기도 한다. 같은 맥락에서의 또 다른 용어로 '변기toilet'라는 말이 있는데 이 역시 여성만을 지칭한다.

여기서 소개한 몇 가지 용어만으로도 세계에 여성을 둘러싼 증오와 거부가 얼마나 깊은지 알 수 있다. 이러한 표현들에는 여성 전체를 향한 적대적 이미지가 녹아 있다. 즉 여성들이 화장이 아닌 분장으로 거짓된 외관을 꾸며내 남성을 속인다는 것이다. 이들은 여성을 멍청하고, 교양 없고, 과하며, 동시에 사악하고 교활한 존재로 묘사한다.

인셀 문화와 남성계는 점점 주목받고 있다. 인셀이 일으키는 범죄로 인해 미국에서만 50명 이상★이 목숨을 잃었다.

★   범죄에는 대부분 사안별로 분류 기준이 다르게 적용되기 때문에 이 숫자는 좀 적어 보이기도 한다. 여성혐오가 공식적인 범죄 동기로 인정되려면 아직 멀었다.

동시에 이러한 인셀 범죄가 극단주의적인 우익의 범죄나 무차별 테러와 공통점이 많다는 점도 눈여겨볼 만하다. 혐오로 인한 범죄는 한 가지 원인이나 한 가지 동기로부터 발생하는 게 아니라 여러 사상이 총체적으로 결합해 발생하는 경우가 많다.

폭력으로 분출되는 열등한 마음들

2019년 3월 뉴질랜드의 크라이스트교회에서 총기 난사 사건이 있었다. 범인 브렌턴 태런트Brenton Tarrant는 51명을 살해했고 50명 이상을 다치게 만들었다. 이 사건은 평소 이슬람 혐오주의자였던 범인이 두 개의 이슬람 사원에서 사람들을 살해하고 독일 내 난민 수용을 찬성한 대표적인 인물이었던 앙겔라 메르켈Angela Merkel 독일 총리를 살해하겠다고 협박한 명백한 극우 범죄였다. 그런데 범행이 일어났던 당시에는 크게 주목받지 못했지만 이후 유사 범죄가 발생하면서 드러나게 된 새로운 사실이 있다. 그와 같은 범인들은 극단적인 극우주의자였을 뿐만 아니라 동시에 여성혐오주의자였다는 점이다.

2019년 독일 할레에서 발생한 반유대주의 테러에서도 여성혐오적 동기를 찾아볼 수 있다.[48] 유대교 회당을 공격하려다 실패하자 인근 케밥 가게에 테러를 일으킨 슈테판 발리에트Stephan Balliet는 유대인을 모든 악의 근원으로 보았는데, 범행 동기는 그 외에도 더 있었다. 발리에트 역시 출산율이 저조한 이유는 페미니즘 때문이며, 이민자들의 대량 유입에도 책임이 있다고 결론을 내렸다.[49]

2011년 노르웨이에서 77명을 살해한 아네스르 브레이비크Anders Breivik의 범행은 최근 유럽에서 발생한 테러 중 규모가 가장 컸는데, 이 역시도 극우주의적 동기에서 비롯된 것만은 아니었다. 그는 자신의 범행에 앞서 약 1,500장에 달하는 선언문을 작성했는데, 그 글에서는 유럽과 서구 사회에 닥친 가장 큰 문제로 페미니즘과 여성을 지목하고 있다.[50]

페미니즘이 남성을 억압하고 있으니 여성에게 벌을 주어야 한다고 주장하는 남성계와 이들의 사고방식이 우리 사회 도처에 공공연히 존재한다. 인터넷에서는 젊은 남성을 중심으로 급진화된 혐오의 양상이 증가하는 추세다. 여성혐오의 위험성은 보도를 통해 잘 알 수 있지만, 이를 모니터링하고 예방하기 위한 조치는 현재로서는 많지 않다.

여성혐오는 노골적이고 분명한 테러 행위로만 나타나진 않는다. "안녕하세요, 제 이름은 뤼디거이고 저는 여성을 혐오합니다"라고 대놓고 혐오를 드러내는 것만이 여성혐오가 아니다. 여성혐오는 주로 일상에서 미묘하게 나타난다. 여성혐오가 반드시 극단적인 것도 아니다. 특정한 성별을 향해 농담하는 행위도 여성혐오다.

웃기지 않은 그들만의 농담

여성혐오는 금발 여성에 대한 농담에서 시작해 틱톡 영상, 전석 매진의 코미디 쇼로 우후죽순 퍼진다. 어떤 코미디언은 여성에 대한 지루한 농담만을 늘어놓는데도 공연장은 늘 만석이다. 그들의 유머는 여성들은 가서 청소기나 돌리라 하고, 생리 중이라 예민하고, 요리를 잘해야 하고, 그러다 세탁기처럼 시끄러울 때면 코드를 뽑아버려야 한다는 식이다. 이런 농담을 재미있다고 생각하는 사람들이 있으니 여성을 향한 편견은 계속 이어진다.

고정관념 속에서 여성은 남성의 삶을 편하게 만들어주는 가전제품과 같은 존재가 되어 요리하고, 청소하고, 행여나 남성이 축구라도 볼 때면 맥주를 대령하고 나머지 시간에는 조용히 있어야 한다. 여기까지만 읽으면 여성에 대한 전형적인 고정관념은 옛날에나 통하던 게 아니냐고 생각할 수 있겠지만, 안타깝게도 독일 부퍼탈 출신의 크리스티안은 그렇게 생각하지 않는 것 같다. 크리스티안은 틱톡과 인스타그램에서 날씬하고 요리를 잘하고 예쁜 '꿈의 여성'을 찾는 콘셉트의 유머 계정으로, 적지 않은 인기를 끌고 있다.

크리스티안은 주기적으로 자신이 춤을 추는 영상과 함께 "여성의 덕목이란 요리를 잘하고, 남성을 유혹할 줄 아는 것. 마지막으로 가장 중요한 건 입을 다물어야 한다는 것"이라는 글을 올린다. 그리고 만 명이 넘는 그의 구독자들이 여기에 환호한다. 나처럼 그를 비판하는 사람들은 유머도 모르는 인간이 된다.[5]

이 계정에서 가장 인기가 많았던 게시물은 "남자 다섯 명이 따라다닌다고 자기가 뭐라도 되는 줄 아는 여자에게 고한다. 축구에서는 남자 스물두 명이 공 하나를 따라다니지만, 결국 그들이 원하는 건 골을 넣는 것이지 공을 가지려는 게 아니야!"라는 문장이었다. 크리스티안은 이런 식으로 여성들이 기업 임원 자리보다는 주방에서 보는 게 더 편하다고 여기는 사람들의 마음을 사로잡았다. 나는 크리스티안의 영상을 몇 번 패러디해서 비꼰 적이 있는데, 그는 내 콘텐츠를 사이버 불링이라고 신고하고 내 계정을 차단했다. 아마 내 유머를 이해하지 못한 게 아닐까?

크리스티안은 틱톡뿐 아니라 독일 리얼리티 프로그램을 만든 방송사 에르테엘 쯔바이RTLZWEI에서도 여러 차례 소개된 적이 있는데, 그곳에서 여성에 대한 극단적인 발언으로 눈길을 끌었다.

"내가 찾는 여성은 우선 딱 봐도 끝내줘야 한다. 그 정도는 돼야 내 외모에 묻히지 않을 테니까. 신체 사이즈는 90-60-90에 금발 생머리, 도톰한 입술, 그 바비 인형 알죠? 살아 있는 바비 인형 같은 여성." 이런 말을 하는 그가 데이팅 사이트를 무한 스크롤하는 모습도 봐야 한다. 그는 자기 입술을 핥는 사진에 무려 "정육점에서 파는 칠면조 고기처럼 부드러운 입술"이라고 덧붙인다![52]

크리스티안이 일삼는 여성에 대한 혐오, 무시, 대상화는 여성들에게 실제로 피해를 끼친다. 자신의 역할에 대해 생각해 본 적 없는 여성이 현실에서 이런 남성을 만나게 되면 이들의 말과 생각에 휘둘릴 수 있다. 만약 크리스티안을 재미있어하며 '나는 아닌데' 하고 생각하는 사람이 있다면 여기서는 그냥 가만히 있기를 바란다.

참고로 에르테엘 쯔바이는 크리스티안의 문제적인 발언을 편집하는 대신 "한편 이렇게 자신감이 넘치는 크리스티안은 여성에 대해 흥미로운 견해를 가지고 있다"라는 식으로 오히려 그의 말을 부각시켰다.

친애하는 방송국 편집자 여러분, 여성혐오는 흥미로운 견해가 아니라 그냥 여성혐오일 뿐입니다. 하긴 여성혐오로 먹고사는 방송에 설명해 봐야 소용없다는 것은 저도 잘 압니다만.

최신 직업에 나타나는 성별 간 임금격차

"인플루언서? 걔네가 할 줄 아는 게 뭐가 있어? 다들 그렇게 생각해!"

많은 사람이 그렇게 생각하면 이는 어느새 사실이 되어버린다. 풍자라는 방패를 내세우면 죄책감 없이 다른 사람을 비웃기가 쉬워진다. 그래서 선을 넘을 것 같은 농담을 할 때는 비난받지 않기 위해 풍자라는 방패를 재빨리 내세우는 경우가 많다. 예를 들어 독일의 여성 코미디언 조이스 일그Joyce Ilg는 성폭력과 데이트 강간에서 사용된 약물을 유머 소재로 쓴다. 얼마나 많은 사람이 상처받고 트라우마에 시달리고 힘들어하는지 알면서도 그저 자신의 개그 스타일이라며 일축한다.

특정 집단을 유머 소재로 삼으려면 그것이 정말로 농담

이어야 한다. 그리고 농담이란 적어도 상대를 실컷 모욕한 후 "야! 왜 그래. 그냥 농담이잖아!"라는 한마디로 모든 것을 무마하려는 태도는 아니라고 생각한다.

인플루언서는 조롱과 모욕, 위협에 노출되기 쉬운 직업이나 특히 여성 인플루언서라면 더욱 그렇다. 같은 분야의 인플루언서더라도 남성들은 여성들에 비해 모욕성 발언을 경험하는 일이 상대적으로 적다.

독일 코미디언이자 위키피디아에 올라간 정보에 따르면 인플루언서이기도 한 올리버 포허Oliver Pocher는 여성 인플루언서 비하하기를 자기의 사명으로 삼았다. 그 이유는 재미있기 때문이다. 그는 자신의 소셜 네트워크 계정에 매주 '모니터링'이라는 콘텐츠를 올리는데, 여기에서 여성 인플루언서의 콘텐츠를 골라 모욕적인 말을 퍼붓는다. 그러면서 자기는 무려 여성과 결혼까지 했다며 여성을 싫어하는 사람이 결코 아니라고 방어한다. 전형적인 "내가 나치는 아니지만…" 화법(독일에서 인종차별이나 혐오 발언을 할 때 쓰는 말로, 이를 정당화하려 할 때 사용한다—옮긴이)이지만, 그는 별로 신경 쓰지 않는 듯하다.

케이트 맨은 여성혐오가 단순히 모든 여성을 혐오하는 현상만은 아니라고 설명한다. 여성혐오는 자신의 관점과 맞지 않는다는 이유로, 자기가 보기에 여성으로서 마땅히 해야 할 역할을 하지 않아 거슬린다는 이유로 여성을 경멸하고 무시하고 위협하는 모든 행위를 포함한다.[53] 솔직히 이쯤 되니 그냥 여성이라는 존재 자체가 눈에 띄는 것을 거슬려 하는 게 아닌가 하는 생각이 든다.

누군가는 여성 인플루언서들이 소셜 미디어에서 협찬을 통해 수익을 창출하는 방식을 가지고서 조롱받아 마땅하다 여기기도 한다. 더러는 외모를 이용해 돈을 벌도록 사람들을 부추긴다고 비판한다. 또한 그들은 소비를 조장하고, 소녀들을 나쁜 길로 이끌고, 쓰레기 같은 물건을 사라고 강요하며, 섭식 장애를 일으키고, 그리고, 그리고, 그리고···. 인플루언서라는 직업을 어떻게 생각하느냐는 개인의 자유다. 처우가 열악한 간병인이 코로나19가 터졌을 때 푼돈만도 못한 보너스를 받으며 헌신하는 반면, 인플루언서는 하는 일에 비해 많은 돈을 쉽게 번다고 생각할 수도 있다. 그러나 그것은 인플루언서 개인이 저지른 잘못이 아니라 자본주의 시장 구조의 문제임을 기억하자.

여성 인플루언서를 향한 혐오는 여성이 어떻게 행동해야 하며 어떤 식으로 돈을 벌어야 하는지에 대한 고정관념이 깔려 있다는 증거이기도 하다. 이 책을 읽는 누군가는 질렸다는 듯 두 손을 올리고 고개를 저으며 이렇게 말할 수 있다. "미안하지만, 필터를 사용해 얼굴이나 몸매를 실제와 다르게 바꾸는 것은 청소년에게 잠재적인 위험을 초래할 수 있는 부끄러운 일입니다." 이 말을 바꿔 말하면 "나는 여성을 혐오하지만 정당한 이유가 있어. 젊은 여성들이 외모로 섣불리 돈을 벌려고 하지 않도록 보호하고 싶을 뿐이야. 쟤들이 나이가 들면 무슨 일을 하겠어? 저런 일이 명예로운 일은 아니잖아?"라는 말과 다를 바 없다. 무척 어렵겠지만 잘 모르는 영역에 대해서는 일단 입을 다무는 것도 좋은 방법이다.

영국 일간지 《런던 이브닝 스탠더드》는 "여성의 소득이 남성보다 높은 유일한 산업"이라는 제목으로 여성 인플루언서의 수익에 대한 기사를 발표한 적 있다.[54] 이 제목은 '감히 어떻게 여성이 남성보다 많이 벌 수 있어?'로 들린다. 이 말인즉슨 대부분의 직종에서 남성의 평균 소득이 여성의 평균 소득보다 높다는 말 아닌가?

2020년 기준, 앞으로 별다른 조치를 취하지 않으면 독일에서 성별 간 임금 격차가 사라지기까지 101년이 걸린다고 한다.[55] 무려 101년이다! 101이라는 숫자는 작은 달마티안 강아지가 잔뜩 등장하는 디즈니 영화 제목이 아니라 오늘날 여성들이 처한 씁쓸한 현실이다. 같은 일을 해도 여성이라는 이유만으로 수입이 더 적은 진짜 현실말이다.

이 기사에 따르면 인플루언서는 처음부터 여성의 수입이 남성의 수입보다 많은 최초이자 유일무이한 사례로 비쳐진다. 하지만 온라인에서 여성 인플루언서가 광고하는 모습이 더 자주 보인다고 해도 그것이 곧 여성 인플루언서의 실제 수입이 남성보다 높다는 말은 아니지 않을까? 이 주제에 대한 자료와 기사를 더 찾아보니 추측이 맞았다.

실제로 인플루언서 중에는 여성의 비율이 높아 온라인 활동으로 수익을 창출하는 여성이 남성보다 많다고 할 수 있다. 그런데 자세히 들여다보면 소셜 미디어에서 남성들이 광고나 홍보 활동으로 받는 돈은 여성들이 받는 돈보다 많다. 남성 인플루언서는 남자라는 이유만으로 팔로워 수와 파급력이 비슷한 여성 인플루언서 대비 약 7퍼센트를 더 받는다고 한다. 독일 일간지 《타게스슈피겔》 요아힘 후버Joachim Huber 기자의 보도에 따르면 포스팅, 스토리, 영상까지 합치자 인플루언서의 성별 간 임금 격차는 무려 49퍼센트에 달한다. 남성 인플루언서가 4,042달러를 벌 때 여성 인플루언서의 수입은 고작 2,704달러에 불과했다.[56]

마치 뺨이라도 맞은 듯한 모욕적인 기분이다. 이건 가부장적인 세계에서 존재감을 만들어내고 특별한 콘텐츠로 시선을 사로잡는 창의적인 여성들에 대한 모욕이다. 그럼 그렇지, 유구한 역사를 자랑하는 성별 간의 임금 격차가 나를 배신할리 없다.

게임이 아닌 플레이어를 향한 미움

인플루언서는 과소비를 조장한다는 이유로 쉽게 비난받는다. 이러한 비판적 태도는 요즘 같은 시대에 중요하다고 생각한다. 그러나 이를 방패로 삼아 자유롭게 혐오하는 데 사용하면 문제가 된다. "인플루언서들은 정말로 멍청하고 과해서 보는 사람까지 부끄럽게 만들잖아요. 대부분은 그렇게 생각할 걸요?"라는 식의 비판을 가장한 혐오는 자유롭게 혐오할 수 있는 사회 분위기마저 조성한다.

코미디언 올리버 포허가 그러하듯, 여성혐오가 특정 직업군의 여성을 향하는 경우에는 사회적으로 용인되기까지 한다. 포허는 여성 인플루언서를 향한 혐오를 마치 사회 비판인 것처럼 포장하여 비슷한 생각을 하는 많은 사람으로부터 찬사를 받고 있다. 이들은 대개 인플루언서가 제대로 된 직업이 아니며 아무나 할 수 있는 일이라고 생각한다. 아무나 할 수 있다면서 왜 누구나 되지 못할까? 인플루언서는 분노를 직격탄으로 맞는 폭격의 대상이 될 수도 있고, 잘못된 말 한마디로 커리어가 한 방에 날아갈 수도 있다. 정신 건강 문제는 말할 것도 없다. 경험한 바에 따르면 인플루언서는 아주 지치고, 많은 시간을 쏟아야 하는 힘든 직업이다.[57]

어쨌든 포허는 인플루언서를 향한 공격으로 인해 텔레비전뿐만 아니라 독일 법정에도 출연했다. 포허의 도 넘는 발언에 많은 인플루언서들이 그를 고소했기 때문이다. "무뇌 돌대가리"는 약한 편에 속할 정도였다. 인플루언서를 대하는 포허의 태도에는 분노가 가득하다. 그는 이렇게 말한다.

"너희가 얼마나 멍청한지는 나도 잘 모르겠어. 하지만 고작 생일 파티를 하겠다고 방역 규정을 어기는 것을 넘어서 그 모습을 촬영까지 했지. 아마 자기들이 굉장히 멋지다고 생각했겠지? 부끄러운 줄 알아. 너희처럼 자기밖에 모르고 멍청한 돌대가리들 때문에 우리는 다 망했어. 진심으로 혐오스럽다. 이건 괴롭히는 것이 아니라 진실을 말해주는 거야."[58]

아니, 이것은 괴롭힘이다.

동시에 여성혐오다.

왜 가해자에게

압도적으로
공감해 주는가?

앞서 우리는 소셜 미디어가 여성혐오적인 모욕이 난무하는 장소라는 것을 확인했다. 그런데 문제는 인터넷뿐만이 아니다. 기성 매체인 언론에도 미묘한 여성혐오가 깔려 있다. 언론에서 여성 장관들은 어머니라는 이유로 자질을 의심받는다. 물론 아버지인 남성 장관은 그런 의심의 눈초리에서 자유롭다. 또는 여성 정치인을 '젊은 아가씨'라고 부르면서 정치인으로서의 자질을 깎아내리기도 한다.

여성혐오는 오랫동안 미디어에서 뿌리를 넓혀왔다. 예전에 비해 좋아졌다고 하는 현 시점에도 여전히 충격을 경신하는 사건을 접한다. 그럴 때마다 이게 21세기에 일어난 일이 맞는지 되묻기도 한다. 이 책을 쓰는 중에도 한 사건이 터졌다.

매거진 《뉴욕》에 "열일곱 살에 모든 것을 잃은 소년Can-celed at 17"이라는 제목의 표지 기사가 실렸다. 기사 원문을 보면 무려 8천 단어 분량이다. 8천 단어가 어느 정도인지 감이 오는가? 모르겠다고? 한마디로 아주 긴 분량이다. 긴 것도 모자라 이 보도는 무려 표지 기사다. 얼핏 제목만 보면 열일곱 살 소년이 나쁜 일을 당한 것처럼 느껴진다. 청소년기에 모든 것을 잃었다는 표현은 분명 유쾌한 일은 아니니까. 기사에 따르면 디에고는 고등학교에 다니는 십 대이자 캔슬 컬처Cancel culture의 피해자다.

기사는 디에고의 삶을 읊어주는 것으로 운을 뗀다. 디에고가 사건 이후 고통스러워하고 있으며, 그의 '어리석은 실수'로 학교에서 그의 옆자리에 아무도 앉아주지 않는다는 식의 내용이 이어진다. 기사 첫 문단에서 우리는 디에고가 어리석은 실수로 인해 커다란 고통을 겪고 있음을 알 수 있다. 그러면 이 어리석은 행동이란 무엇이었을까? 디에고는 여자 친구인 피오나의 나체 사진을 유포했다. 그것도 파티에서 만난 일면식도 없는 사람들에게 뿌려버렸다.[59]

여기까지 읽고 놀라서 입이 떡 벌어졌다면, 끝이 아니니까 아직 다물지 말라. 엘리자베스 바일Elizabeth Weil이라는 기자가 쓴 이 기사는 처음부터 끝까지 왜곡된 시선으로 쓰였다. 기자는 디에고가 니베아 데오드란트를 즐겨 쓰고, 에어 조던을 신으며, 테일러 스위프트의 팬이라는 쓸데없는 정보를 구구절절 나열해 주면서 디에고가 착하고 평범하고 사랑스러운 소년이라고 묘사한다. 독자들이 이 가련한 소년에게 감정을 이입하게끔 말이다. 우리의 친근한 이웃 디에고는 여자 친구 피오나의 나체 사진을 (동의 없이) 사람들에게 보여주었을 뿐인데 주변인들과의 관계가 철회되고, 외면당하고 말았다.

이 프레임이 익숙하지 않은가? 수년 아니, 수십 년 동안 학교 혹은 직장에서 나체 사진을 유포당한 여성은 천박하다거나 창녀라는 낙인이 찍혔다. 자기 몸을 그렇게 쉽게 보여주다니, 당해도 싸다고 여겨졌다. 미투 운동을 통해 이런 생각은 다행히 서서히 사라지는 추세다. 그러나 이 기사에서는 여자 친구의 나체 사진을 다른 사람에게 보여주는 행동이 왜 잘못된 것인지를 설명하는 대신 가해자의 입장에서 정당화하려는 걸 보면, 기자는 아무래도 트렌드에 느리신 분인 것 같다.

기사에서는 디에고의 행동을 이렇게 묘사하고 있다. "지난 여름 디에고는 한 파티에 참석했다. 디에고는 술에 취했고 아름다운 여자 친구의 나체 사진을 아이들 몇 명에게 보여주고 말았다. 물론 디에고는 나쁜 행동을 저질렀고, 디에고를 포함해 많은 사람이 이에 동의하고 있다. 그러니 성급하게 판단하지는 말라."[60]

어디서부터 어디까지 이야기해야 할까? 이 문단에 등

장하는 모든 단어가 잘못되었다. 기자가 독자의 의견에 영향을 미치기 위해 의도적으로 쓴 기사다. 불쌍하고 가련한 디에고가 매우 안타깝게 '취소'된 이유를 장황하게 늘어놓고, 문장 끝에는 디에고도 잘못을 인정하고 있으니 그 누구도 그를 비난하지 말란다. "아이고 그래, 디에고도 아무런 동의 없이 여자 친구의 나체 사진을 사람들에게 보여준 행동이 실수라는 것을 알고 있다고. 그러면 괜찮지, 화낼 일까지는 아니지 않나?"라고 말해주길 원하는 걸까?

기자는 피오나를 무려 디에고의 '아름다운 여자 친구'라고 묘사한다. 그녀가 아름다우니 사진을 보여준 행위는 불가항력적이었고, 애초에 그녀가 예쁘지 않았다면 사진을 보여주고 싶은 마음도 들지 않았을 테니 어쨌든 좋은 의도였다는 건지 뭔지, 결국 이 범죄가 여자 친구를 향한 칭찬이었다는 소릴 듣고 싶은 모양이다. 그렇지 않고서야 굳이 여자 친구의 외모를 들먹이며 지면을 낭비할 이유가 있을까.

또한 기자는 디에고가 파티에서 다른 남성이나 청소년에게 사진을 보여준 것이 아니라 '아이들'에게 보여주었다고 써서 사건의 심각성을 축소시킨다. 무해해 보이는 단어를 사용해 재차 그의 행위가 심각하지 않은 것처럼 착각하게 만들어버린다.

요약하자면 기자 엘리자베스 바일은 '디에고가 파티에

서 여자 친구의 나체 사진을 동의 없이 다른 사람들에게 보여 주었다'를 다음과 같이 바꾸었다. '디에고는 아름다운 자기 여자 친구의 사진을 몇몇 아이들에게 보여주었다는 것이 몹시 나쁜 실수였음을 잘 알고 있다. 그러니 그렇게 큰 잘못을 한 것은 아니다.'

내 말이 다소 과장되었다거나 같은 말만 반복한다고 생각할 수도 있다. 그러나 기자가 디에고를 피해자로 보이게끔 사력을 다하고 있기 때문에 나도 여기서 주구장창 말할 것이다. 나는 이 사건에서 디에고의 행동은 명백한 범죄이며, 그로 인해 한 여성이 피해자로 고통받았다는 사실 말고 그 외의 정보들은 논점을 흐리는 문장들이라고 확신한다.

기사의 다음 내용을 확인해 보면, 피오나가 디에고가 저지른 범죄를 알아차리는 대목이 나온다. 물론 기자는 계속해서 디에고가 얼마나 큰 죄책감을 느끼는지를 설명해 주길 잊지 않는다. 디에고는 자기혐오에 빠졌고, 여자 친구가 자신을 떠났기 때문에 마음이 아프다(?!)고 대변까지 한다. 놀라지 말라, 가해자를 향한 공감은 이런 식으로 흔하게 일어난다.

지금 끔찍한 일을 겪고 있는 사람은 다름 아닌 디에고라는 똑같은 내용을 한 스무 번쯤 읽었을 때 흥미진진한 전개가 이어진다. 바로 피오나가 대응하려 한다는 것이다. 피오나는 곧장 교장을 찾아갔다. 그러나 교장 역시 실제로 성폭행이 발생한 것도 아니니 그리 심각한 일은 아니었다고 일축한다. 결국 피오나는 피해 사실을 혼자서 떠안게 된다.

이쯤 되니 학교에서 디에고와 대화를 하는 사람이 사라지기 시작했다. 적어도 이 기사만 봤을 때 디에고는 실제로 성폭행을 한 것도 아니고 평범하고 착한 아이일 뿐인데 왜 아무도 말을 걸어주지 않을까, 참 이상한 일이다. 그렇게 디에고는 우울하고 속상한 마음으로 힘든 시기를 보내며 반려동물인 작은 쥐와 많은 시간을 보내고 있다고 한다. 이 쥐는 사건과 하나도 관련이 없으며, 굳이 쓸데없는 정보로 가해자의 인간적인 면모를 부각해 그가 가해자라고 생각하지 못하게 하려는 수단일 뿐이다. 어쨌든 장황한 묘사 뒤에는 디에고가 지난 여름 내내 자신의 잘못된 행동에 대해 깊이 생각했으며, 피오나와 헤어지고 그녀를 잊으려 파티에도 자주 다녔다는 내용도 잠깐 나온다. 그러다가 다시 그 쥐가 얼마나 귀여운지 묘사하는 내용이 또 한참 이어진다. 참고로 여기서 말하는 쥐는 디에고가 아니라 디에고의 반려 쥐를 말한다.

한편 교장에게 조치를 거절당한 피오나는 직접 사건을 해결하려고 나선다. 피오나는 자기가 다니는 학교에 잠재적 범죄자가 있다고 경고하는 포스터를 만들고, 그 명단에 디에고의 이름을 써넣었다. 전적이 분명하기 때문이다.

디에고는 취소당한 것이 아니다. 디에고는 그저 자기 행동에 대한 결과를 감당하는 것이다. 이 기사는 은연중에 여성혐오와 피해자에 대한 비난으로 가득 차 있다. 이러한 기사는 여성에게 씌워지는 오래된 고정관념을 탄탄하게 뒷받침해주는 수단이 되어준다. 그 고정관념 아래, 여성의 나체 사진이 학교에 퍼지면 고통받는 것은 예외 없이 언제나 피해 여성이었다. "애초에 보여주지를 말았어야지, 자업자득이야"라는 2차 가해로 피해자에게 책임을 돌리기 때문이다.

디에고가 얼마나 큰 고통을 겪고 있는지 구구절절 설명하는 이 기사를 전부 인용하는 대신 한 트위터 사용자가 이 기사에 남긴 댓글로 마무리하려고 한다.

"취소당한 것이 어쩔 수 없던 일인 것처럼 말하지 마."

《뉴욕》처럼 유명하고 큰 매체의 표지 기사로 이러한 기사가 실렸다는 사실은 내게 큰 충격을 주었다. 심지어 옛날 기사도 아니고 무려 2022년 6월에 게재된 기사다. 뒤로 자빠질 만한 사실은 이 기사를 작성한 엘리자베스 바일이 여성이라는 점이다. 이것이야말로 언론에서 쉽게 찾아볼 수 있는 여성혐오와 가부장제 구조 아래 성장하고 사회화된 여성들의 마음속에 뿌리 내린 여성혐오를 단적으로 보여주는 완벽한 사례라고 생각한다. 여성에게조차 뿌리 내린 여성혐오를 타파

하기란 힘들겠지만 우리에겐 반드시 필요한 작업이다.

　덧붙여, 이런 일이 발생한다면 반드시 신고해야 한다. 벌어진 사건이 자기 잘못이라고 착각하지 말자. 신뢰했던 사람과 몸을 공유하는 것은 자신의 권리다. 상대방이 그 신뢰를 악용한다면 그것은 그 사람의 잘못이지 절대 당신 탓이 아니다.

4부

웃고,
끄덕이고,
못되게
생각해

DRAMA
QUEEN

자기는

전 여친이랑 달라

양심의 가책 없이 여성을 마음껏 비난할 수 있도록 여성을 유형화한 말은 베이직걸이나 픽미걸 말고도 또 있다. 앞서 어떤 여성이 보통 여성스럽다고 여겨지는 취향을 가지고 있으면 뻔하고 멍청한 베이직걸이 되고, 남성스럽다고 여겨지는 취향을 가지고 있으면 차별화된 픽미걸이 된다고 했다. 부족한 상상력 때문에 어떻게든 여성을 자기가 아는 서랍에 넣어 분류해 보려는 말들이다.

이런 우스꽝스러운 단어 외에도 '전 여친 미친년Crazy ex-girlfriend'이라는 말도 있다. 자기 삶이 지옥 같았던 이유는 전 여자 친구가 미친 사람이었기 때문이란다. 그들의 말에 의하면 전 여친은 모두를 자기 입맛대로 조종하려 드는 여자이자 모든 것을 파괴하는 여자였다. 아무것도 아닌 일에 자제력을 잃고 화를 내고, 아무것도 아닌 일에 대성통곡을 한다. 결국 그녀와 함께한 모든 것이 아무것도 아닌 일이었으며, 이제라도 헤어졌으니 다행이라고 생각한다.

여러분, "너는 다른 여자들과는 달라. 내 전 여친은 완전히 미친 여자였어"라는 말은 결코 칭찬이 아니라는 점을 명심하자. 애초에 다른 사람을 깎아내리면서 치켜세우는 말은 칭찬이 아니다.

여성들은 대체로 콘텐츠, 미디어, 다른 사람들의 생각을 통해 평가되고 비판받는 일에 길들여졌다. 그렇기 때문에 자기는 사랑하는 애인의 전 여자 친구보다 반드시 더 나은 사람이자 한 단계 업그레이드된 사람이어야 한다는 강박에 사로잡히기 쉽다. 이건 나 역시 겪었던 감정이기도 하다. 그의 전 여자 친구보다 나은 나를 상상하면 기분이 좋아지기까지 했다. 여자들은 한 번쯤 '나는 그의 전 여친과는 달라. 그는 나를 정말로 좋아해. 도대체 그 미친년이 무슨 짓을 저질렀기에 이런 멋지고 사랑스러운 남자를 질리게 만든 거야?' 하고 생각해 본 적 있을 것이다.

분명히 말하겠다. 당신의 현 남자 친구 혹은 남편, 전 남자 친구들의 전 여자 친구가 이상한 사람이었을 가능성은 매우, 매우, 매우 낮다. 지금부터 이 이야기를 살펴보자.

남자 친구의 입장은 이렇다. 직장에서의 기나긴 하루 끝에 드디어 집에 돌아왔다. 상사는 짜증을 냈고, 오늘 일을 제대로 마무리하지 못했으며, 프로젝트 기한은 코앞으로 닥쳤다. 주말에 친구들과 응원하는 팀의 라이벌 더비 매치에 다녀왔던 탓에 아직도 약간 지쳐 있다. 축구는 그의 오랜 취미 생활이며 이번에 관람했던 경기에서는 그가 응원하는 팀이 우승했다. 원래 계획했던 시기보다는 조금 늦게 말했지만 어쨌든 연애 초반이라고 할 수 있는 때에 친구들과 축구를 보러 가는 것이 취미라는 사실을 여자 친구에게 분명히 말해두었다. 그리고 건강한 관계 형성을 위해 선을 지켜주는 것이 중요하다고 배웠다.

아무튼 그런 주말을 보낸 뒤, 일을 하고 집으로 돌아온 그는 소파에 앉아 양말을 벗는다. 어제 벗어놓은 양말도 아직 소파 위에 있지만 이미 말했듯 지쳤고 양말 좀 늦게 치우는 게 그렇게 나쁜 일은 아닌 것 같다. 깊이 생각할 필요 없이 일단 플레이스테이션을 켜고 한숨 돌린다.

그런데 갑자기 여자 친구가 나타나 양말과 무슨 음식 이야기를 하며 소리를 지른다. 원피스를 입은 모습이 예뻐 보이지만, 그는 그녀와 말다툼을 할 생각이 전혀 없다. 이 여자는 그냥 미친 것 같고, 집에 5분만 있어도 언제나 소리 지를 만한 이유를 찾아낸다. 진짜 미친 여자다!

자기는
전 여친이랑 달라

반면 그가 미쳤다고 주장하는 전 여자 친구의 입장은 이렇다. 그날은 모든 일이 안 풀렸다. 개는 거실에서 두 번이나 토했고 남자 친구가 어제부터 벗어놓은 양말을 물고 집안 여기저기를 돌아다녔다. 양말 좀 치우라는 말을 세 번이나 했는데도 양말은 그 자리에 그대로 있었다. 직장에서는 동료 두 명이 병가를 내서 평소보다 할 일이 많았지만, 오늘 저녁을 기대하며 그럭저럭 견딜 만했다. 오늘은 남자 친구가 그녀의 부모님을 뵙는 날이다. 이틀 동안 부모님이 계시는 도시에 머무를 것이고, 오늘을 위해 새 원피스도 장만했다.

지난 주말은 남자 친구가 친구들과 축구 경기를 보러 갔기 때문에 이번 주 주말에는 드디어 둘이 시간을 보낼 수 있으리라 기대하고 있었다. 남자 친구가 지난 토요일에 보러 간 축구 경기에서 응원하는 팀이 이겼다고 한다. 친구들과 축하하느라 새벽 4시 30분까지 집에 들어오지 않았지만, 연애 초반에 축구가 그의 취미라고 말해주었기 때문에 괜찮았다. 그가 친구들과 함께 응원하는 팀의 경기를 볼 때 자유롭고 행복하며 평온함을 느낀다고 했으니까. 그런데 가끔 그런 말을 들으면 어딘가 슬퍼지기도 한다. 그들은 함께 살며 장보기, 쓰레기 버리기, 세금 및 청구서 납부, 화장실 청소를 포함한 가사노동과 일상을 함께한다. 이런 시간이 남자 친구가 취미를 즐기는 시간만큼 멋지고 즐겁지 않다는 말처럼 들리기 때문이다.

가끔 그녀는 남자 친구가 자기를 재미없게 산다거나 아니면 즐거움을 모르는 사람이라고 여긴다는 느낌을 종종 받는다. 하지만 그녀는 이미 일상만으로도 버겁다.

다른 커플들은 바쁜 일정을 쪼개서 다들 잘 만나는 것 같다. 지난주 일요일 아침에도 원래 카페에 가서 아침을 먹자고 약속했지만, 그가 새벽에 들어와 오후 2시까지 잠을 잤기 때문에 아침은 날아가 버렸다. 그녀는 실망했고 슬펐지만 아무 말도 하지 않았고 친구와 식사를 하러 나갔다. 남자 친구는 그녀가 친구와 좋은 하루를 보냈다고 생각했기 때문에 아무 문제가 없다고 생각했다. 물론 그녀는 좋은 하루를 보냈다. 하지만 그 좋은 하루는 사실 친구가 아니라 그와 보내기로 약속했던 하루였다. 하지만 남자 친구에게 중요한 건 그녀가 괜찮은 하루를 보냈다는 사실뿐이었고, 자기가 지키지 못한 약속의 책임을 넘길 수 있다면 더더욱 좋은 것이었다.

그녀는 그가 더 이상 자신을 바라보지 않고 그저 스트레스를 주는 존재로만 생각한다는 느낌을 받았다. 하지만 입 밖으로 말하기는 두려웠다. 그녀는 그를 화나게 만들지 않기 위해 입을 다물고 있다는 생각을 지우기로 했다. 그들은 동등한 파트너 관계이고 지금은 1960년대처럼 헤어지기 힘든 시절도 아니니까. 그녀가 원하는 것은 파트너와 함께 아름다운 경험을 쌓는 것이지, 이 망할 양말 따위나 치우는 게 아니었다.

문이 열리고 그가 들어오는 소리가 들린다. 그의 얼굴에는 이미 짜증이 묻어 있다. 부디 그가 오늘 그녀의 부모님을 만나러 가기로 한 약속을 잊지 않았기를 바란다. 그런데 그는 소파에 앉아 양말을 벗어 전날 벗어두었던 양말 위에 던져놓더니 플레이스테이션을 켠다…. 정말 말도 안 된다. 어떻게 매번 잊어버릴 수가 있지? 어떻게 애인을 이렇게 아무것도 아닌 사람처럼 대하지? 그는 말 그대로 아무것도 하지 않는다. 아무것도.

어떤가? 보다시피 두 사람의 입장은 매우 다르다. 남자 친구는 괜찮다고 생각하며 넘긴 지점들이 전 여자 친구에게는 괜찮지 않았다. 우리는 2020년대를 살고 있다. 여자 친구는 남자 친구에게 최소한의 것 이상을 기대할 수 있고, 또 마땅히 그래야 한다. 여자 친구나 부인이 화나지 않도록 대우하는 자세는 대단히 어려운 일이 아니라 기본 중의 기본이다. 아무것도 하지 않아서 사고를 치지 않는다는 것은 대단한 게 아니라 정말 말 그대로 아무것도 아니다. 애정으로 쌓은 관계에서는 아무것도 아닌 것 이상을 기대해야 하는 게 맞다. 아무것도 하지 않는 것에 대해서 화를 내는 건 정당하다.

여성과 남성의 의사소통 방식이나 사고방식의 차이에 대해서는 학술적으로도 증명하고, 반박하고, 또 증명하고, 반박하길 반복하고 있다. 실제로 여성이 남성보다 복잡하게 생각하는지에 대해서는 사실이 확인되지 않았지만, 여성과 남성의 소통 방식이 다르다는 주장을 악용하는 사람들이 있다는 점만큼은 분명하다. 앞서 살펴본 무기화된 무능력과 비슷한 맥락으로, 여자들은 어차피 복잡한 존재라고 하면서 상대방을 이해하려는 시도조차 하지 않는 남성들이 있다.[61]

과거에는 남성들이 조용하게 지내고 싶으면 여성에게 약간의 돈을 쥐어주고 친구들과 쇼핑을 보냈다. 이 방식도 문제다. 부인이나 여자 친구의 행동을 불안정하다거나 스트레스와 같이 부정적인 감정과 연관 짓기 때문이다. 핵심은 남성과 여성이 달라서 문제가 발생하는 게 아니라는 것이다. 문제는 남녀 관계에서 여성을 깎아내리는 일이 이토록 쉽게, 아무렇지 않게 일어난다는 것이다. 남성들은 여성들이 스트레스를 주고, 쉽게 자제력을 잃고, 화를 내고, 언제나 요구하기만 한다는 말을 술집에서 농담처럼 주고받고, 공감의 하이파이브를 하고, 기념품 티셔츠까지 만든다.

여성이 마땅히 가져야 할 기본적인 욕구를 무시한 남성이 이별 후에 농담처럼 늘어놓는 말들이 전 여친 미친년 신화를 만들어낸다. 이 구전은 꼬리에 꼬리를 물고 이어져 전 여친을 죄다 미친 여성으로 만든다. 그게 더 편하니까. 언제나 그

래왔던 일이니까. 그렇게 여성은 법정에 앉아 울면서 자기를
변호해야 하고, 무엇보다도 남편이나 남자 친구가 자신을 때
렸다는 사실을 증명해야 한다.

법정에 선 미치광이가 된 여자

이 책은 앰버 허드와 조니 뎁의 소송 1차 판결 이후 앰버 허드가 항소를 결정한 시점에서 집필되었다. 그 이후에 발생한 사건이나 발견된 새로운 사실에 대해서는 모르는 상태로 쓴 글이라는 점을 참고하기를 바란다.

솔직히 말하자면 처음에는 앰버 허드와 조니 뎁 사건을 자세히 살펴보지 않았고, 지나가면서 기사만 읽는 정도였다. 그러다 내 틱톡 타임라인에 이 사건에 대한 이야기가 자주 언급되면서 나도 토론에 참여하는 일이 잦아졌다.

나는 언제나 페미니스트라고 비난을 받는 사람이다. 잠시 딴 얘기지만 내가 페미니스트라는 이유로 비판하는 것 자체도 좀 웃긴 일이다. 양성평등을 추구하는 페미니즘을 욕하다니? 페미니즘을 반대한다는 말은 페미니즘을 완전히 잘못 이해한 것이다. 아무튼 나는 주로 여성의 편에 선다. 무조건 그런다는 뜻은 아니고, 단지 여성이라는 이유로 당연하게 여성의 편만 들지 않는다는 이야기다. 나는 남성혐오자가 아니라 페미니스트니까.

다시 앰버 허드와 조니 뎁 사건으로 돌아와 이야기하면, 이들을 둘러싼 사실은 이렇다. 그들은 결혼했다가 이듬해 이혼했다. 그리고 2018년 앰버 허드는 《워싱턴포스트》에 자기가 가정 폭력 피해자라고 밝히는 글을 기고했다. 앰버 허드가 이 기사에 조니 뎁의 이름을 명시하지는 않았지만, 조니 뎁의 경력은 망가졌다. 그가 진행하던 협업은 종료되었고, 큰 행사에서 받았던 초대도 취소되었다. 조니 뎁은 앰버 허드를 명예 훼손으로 고소하고 수천만 달러의 손해배상을 청구했다. 이후 앰버 허드는 자신에게 청구된 소송 금액의 두 배를 청구하는 맞소송을 제기했다는 게 당시 진행 상황이었다. 적어도 사건이 대중에게 공개된 지금에 이르러서는 이 사건에 대한 논의가 진흙탕 싸움이 될 것이 분명하다. 그리고 관계적인 측면에서 두 사람 모두 피해를 얻었다는 건 분명해졌다. 물론 제삼자로서 이 사건을 바라볼 기회가 허락된다는 전제하에 하는 말이다.

이들이 무엇을 바라고 대중에게 이 소송의 전모를 공개했는지 생각해 볼 수 있다. 나는 이 소송이 여성에 대한 신뢰를 후퇴시켰다고 확신한다. 여성들은 오래전부터 신뢰받고, 보호받고, 사람들이 자기 말을 경청하고 진지하게 받아들이도록 만들기 위해 분투했다.

결론만 말하면 미국 법원의 명예훼손 소송에서 이긴 사람은 조니 뎁이었다. 그러나 나는 두 사람 모두 패배했다고 생각한다. 두 사람의 관계는 분명 서로에게 해로운 관계였고, 결국 최악의 결과를 가져왔다. 거의 6주에 걸친 공개 재판에서 그들은 상대를 향한 분노부터 언어폭력, 가정 폭력, 정서적 학대까지 모든 것을 폭로하며 싸워야 했다.

조니 뎁이 앰버 허드를 학대했다는 사실은 분명하다. 하지만 앰버 허드도 조니 뎁을 학대했다는 것도 점차 분명해지고 있다. 청문회를 거치며 앰버 허드는 거짓 증언을 했다는 의혹에 휘말렸고 그 의혹에 덜미를 잡힌 게 한두 번이 아니었다. 불확실한 사실관계, 증거 부족, 앰버 허드 측 변호사의 잘못된 주장으로 인해 결국 그녀는 소송에서 패하고 말았다.

내가 그들 중 누구의 편도 아니라는 점을 강조하고 싶다. 나는 구설수나 가십에 관심이 없으며 소송이 진행되는 6주 동안은 이와 관련된 가십을 단 한 편도 읽지 않았다. 나에게는 승리자가 남성인지 여성인지가 중요한 게 아니라 마땅히 이겨야 할 사람이 이기는지가 중요했다. 결과가 이렇게 나오니 조니 뎁이 앰버 허드의 피해자인 것처럼 보이지만 앰버 허드도 조니 뎁의 피해자다.

나에게 페미니즘이란 남성이 가정 폭력의 피해자가 되었을 때, 그들의 이야기에 귀 기울이는 것을 의미한다. 페미니즘은 남성도 눈물을 흘릴 수 있는 존재임을 알리는 것이며 해로운 남성성은 여성에게만 해로운 것이 아니라 남성에게도 해로우니 사라져야 한다고 말하는 것이다. 페미니즘은 여성이 옳고 남성은 언제나 재수 없고 멍청하다고 주장하는 게 아니다. 따라서 지금부터 다룰 내용은 조니 뎁이나 앰버 허드 개인에 관한 것이 아니라 이 사건을 둘러싼 이야기에 관한 것이다.

고등학교도 중퇴한 게 짜증나게 하네.
거짓말하는 돼지. 배심원단의 결정은 세상 모두가 너를 혐오한다는 뜻이야. 힘내! 조니!

6-10 답글   ♡ 8   👎

보다시피 '모든 남자'가 그런 것은 아니네, 그치?
그러면서 '모든 여성'이 그렇다는 말은 왜 안 할까?
둘 다 나쁜 건 마찬가지인데, 반응 차이 뭐냐.

6-16 답글   ♡   👎

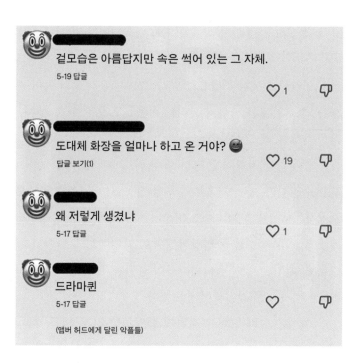

겉모습은 아름답지만 속은 썩어 있는 그 자체.

5-19 답글

♡ 1 👎

도대체 화장을 얼마나 하고 온 거야? 🤢

답글 보기(1)

♡ 19 👎

왜 저렇게 생겼냐

5-17 답글

♡ 1 👎

드라마퀸

5-17 답글

♡ 👎

(앰버 허드에게 달린 악플들)

이 사건에서 나의 분노가 치밀고, 여성 인권에 대한 논의가 후퇴됐다고 생각한 지점이 여기에 있다. 초창기부터 전세계는 조니 뎁의 편이었다. 생각해 보자. 왜 다들 조니 뎁의 편을 들었을까? 조니 뎁의 주장이 더 신빙성이 있어 보여서? 조니 뎁이 실제로 앰버 허드에게도 학대당했다는 정황이 밝혀져서? 아니면 앰버 허드가 전 여친 미친년 프레임에 딱 들어맞는 모습이어서 그랬던 건 아니었을까?

법정에서 찍힌 앰버 허드의 사진은 언제나 정신이 나가

고, 부적절하고, 품위 없어 보이도록 왜곡되었다. 법정 공방도 대등하게 이루어지지 않았다. 앰버 허드가 말을 하면 할수록 점점 인간만도 못한 취급을 받았다. 그녀는 온갖 밈과 유머 소재가 되었다. 모든 사람이 그녀를 비웃었고 모두가 그녀의 추락을 원했다. 왜 그랬을까?

누군가는 잘못이 분명히 앰버 허드에게 있었기 때문이라고 주장한다. 반면 처음부터 누가 잘못했는지 알 수 없다고 주장하는 사람들도 있다. 또 누군가는 앰버 허드가 법정에서 거짓말을 해 여성들을 거짓말쟁이로 낙인찍히게 만들었고, 그로 인해 앞으로 여성 피해자들이 증언을 해도 진지하게 받아들여지지 않을 것이라며 분노했다.

여성은 얼마나 더 철저하게 증명하고 진지하게 받아들여지기 위해 노력해야 할까? 이 법적 공방에서 조니 뎁은 힘패시로부터 수혜를 입었다. 많은 사람이 '조니 뎁? 영화에서 웃긴 해적으로 나오던 그 사람이 여자를 때린다고? 그럴 리가 없지' 하고 생각했다.

조니 뎁이 소송에서 승리한 것은 사실이다. 조금 도발적인 질문을 던져보겠다. 조니 뎁과 앰버 허드가 벌인 이 세기의 재판에 참여한 일곱 명의 배심원단은 얼마나 객관적이었을까? 그들은 이미 자기 눈앞에 있는 사람들이 누구인지 잘 알고 있었다. 재판이 시작되기도 전에 이미 앰버 허드는 언론의 조롱감이 된 미친 여자였다. 앰버 허드가 눈물을 흘리면 사람들은 조롱했다. 앰버 허드가 절규하면 사람들은 조롱했다. 그녀는 조니 뎁과의 관계를 정리한 후 외상 후 스트레스 장애 진단을 받았지만, 궁금해하는 사람은 아무도 없었다.

앞서 말했듯 나에게는 진실이 중요하다. 조니 뎁이 정말로 가정 폭력의 피해자였다면 무죄 판결을 받아야 마땅하다. 앰버 허드가 조니 뎁을 학대했다면 합당한 처벌을 받아야 한다. 앰버 허드가 거짓말을 했다면 그에 따른 책임을 져야 한다. 그러나 여기서 내가 하고 싶은 말은 그게 아니다.

내가 주목하고 싶은 부분은 이 사건에 덕지덕지 끼어 있는 여성혐오에 대한 것이다. 누군가 흘리는 눈물을 조롱한다면 그것은 혐오다. 앰버 허드를 예시로 들며 모든 여성은 남성의 명예를 실추시키기 위해 거짓말을 한다고 일반화하고, 부정적인 사례를 근거로 제시하면서 여성의 말을 신뢰할 수 없다고 말한다면 그건 명백한 여성혐오다. 자신이 학대당했다고 주장하는 여성의 말을 믿을 수 없다고 이 사건을 예시로 든다면 그것은 여성혐오다. 불행한 사건으로 울고, 괴로워하는 여성의 사진을 보여주며 제정신이 아닌 것 같다고 비웃는다면 그건 인간적으로도 최악일 뿐만 아니라 정확히 여성혐오다. 아무튼 여성은 믿을 수 없는 존재라고 주장하며 여성이 자기 말을 증명하도록 끝없이 노력하게 만든다면 그것은 여성혐오다. 이제 앰버 허드가 영원히 파산하고, 파멸하고, 일자리를 잃은 채 어디 한 구석에서 영원히 썩어가기를 바란다면 그것은 여성혐오다.

'데일리줄리앤@DailyJulianne'이라는 트위터 계정은 성폭력 혐의로 유죄 판결을 받고도 직업적으로 성공을 거둔 수많은 남성들을 상기시켰는데, 몇 가지 사례를 언급하자면 다음과 같다. 더 많은 내용이 궁금하다면 각주에 표시한 출처를 참고하기를 바란다.

↳ 팝 가수 크리스 브라운은 리한나를 말 그대로 두들겨 팬 이후 여덟 개의 새 앨범을 냈다.

↳ 2001년 배우 실베스터 스탤론이 1987년부터 다수의 성폭력을 저질렀다는 사실이 언론에 처음 공개된 이후 그는 성폭력 혐의로 수차례 고소당했다. 그러나 증거 불충분으로 재판으로 이어지지 않았다. 그 이후 그는 서른 편이 넘는 영화에 출연했으며 공동 제작까지 했다.

↳ 배우 제임스 프랭코는 서른다섯 살이던 2014년에 열일곱 살의 소녀에게 호텔에서 만나자고 문자를 보냈던 사실을 인정

했다. 2018년에는 그에 대한 더 많은 성폭력 혐의가 제기되었다. 그러나 바로 다음 해에 제임스 프랭코가 감독으로 연출한 새 영화가 개봉했고 그는 이 외에도 다른 두 편의 영화에 출연했다.[62]

폭행과 성폭력 등 그들이 저지른 범죄에 대해 유죄 판결을 받았음에도 아무런 제약 없이 하던 일을 계속 할 수 있다는 현실이 기이하다. 반면 피해자 중에는 치유되지 않는 마음의 상처를 안고, 밤에 불을 끄면 잠을 잘 수 없고, 다른 사람이 손을 조금만 움직여도 움츠러든 채 살아가는 사람도 있다. 폭행이나 성폭력은 저절로 발생하는 자연재해가 아니라 사람이 사람에게 저지르는 범죄다.

앞서 말했듯 나는 사건의 당사자가 아니기 때문에 조니 뎁과 앰버 허드 사이에 있었던 일을 평가하고 싶지 않다. 다만 소송 과정에서 많은 것들이 잘못되었다고 생각한다. 그리고 재판 과정에서 벌어지는 반응적 학대Reactive abuse ★도 큰 역할을 했으리라 생각한다. 배심원이나 이 쇼를 지켜보는 대중 모두를 포함해 편견으로부터 완전히 자유로운 사람은 없다. 이

★ 반응적 학대는 가해자가 피해자와 말다툼을 하다가 피해자가 무너지는 순간을 기다려 "너 제정신 아냐", "너도 나를 모욕하고 있잖아", "왜 그렇게 미친 사람처럼 소리를 질러대" 따위의 말을 하는 기만적인 방법이다.

사건은 말 그대로 하나의 쇼였다.

안타깝게도 이 사건이 실제로 무엇으로부터 시작되었는지는 대다수가 잊어버렸다. 학대로부터 일어난 법정 공방이며, 이건 쇼가 아니라 누군가가 진짜로 겪은 삶이었다는 사실은 금세 잊혀졌다.

인셀들이 앞으로 이 사건을 다루는 방식이나, 앞으로 최소 15년은 여성들이 법을 이용해 남성을 망가뜨리려 한다고 모함하며 앰버 허드와 조니 뎁 사건을 들먹거릴 걸 생각하면 벌써부터 끔찍하다.

나는 지금도 학대 사건에 관하여서는 피해자의 증언이 가장 유력한 증거가 되어야 한다고 생각한다. 비단 이번 학대 사건만 놓고 볼 것이 아니라 다른 사례를 통틀어 보면 피해자는 대부분 여성이다. 여성 세 명 중 한 명은 살아가면서 한 번의 성적 학대를 경험한다.

전 여친 미친년 신화는 대개 여성의 입장을 이해하려는 노력조차 하지 않겠다는 신호다. 남성들이 프레임 씌운 미친 전 여자 친구는 실상 들여다보면 하나의 인간일 뿐이며 자기의 욕구를 표현할 자격이 있고, 또 그러려고 노력하는 여성 중 하나였다. 어떤 남성이 나한테 전 여친 미친년 신화를 말하려고 할 때면 나는 딱 한마디만 한다.

"네가 어떻게 했길래 걔보고 미쳤대? 뭐 때문에 걔가 미쳤는데? 그리고 이 맥락에서 '미쳤다'는 말이 진짜 네가 하고 싶은 말이 맞아?"

한 사건에는 언제나 여러 가지 진실이 있다. 하지만 그 중 어떤 진실은 다른 것들보다 조금 더 사실에 가깝다.

웃고, 끄덕이고, 못되게 생각해

내가 아직도 잊을 수 없는 문장이 하나 있다. 그 문장은 아빠와 가끔 커피를 마시러 가던 브란덴부르크 에베르스발데의 한 카페 화장실에 쓰여 있었다. 그곳의 화장실은 한 벽면이 칠판이어서 원하기만 하면 누구나 왔다간 흔적을 남길 수 있었다. "A+E 영원히"나 "D+T=사랑"처럼 이니셜을 써넣는 전형적인 사랑의 표식은 물론 "이거 읽는 사람 바보", "그건 너", "망해라", "입 닥쳐", "너나 닥쳐"처럼 욕설 릴레이가 이어졌다. 그 사이에서 이런 문장들도 찾아볼 수 있었다. "넘어지고, 일어나고, 왕관을 고쳐 쓰고 계속 나아가", "나는 복잡한 게 아니라 특별한 거야". 그리고 내가 잊을 수 없는 그 문장, "웃고, 끄덕이고, 못되게 생각해"가 있었다.

못된 말을 상대방 면전에 대고 하지 않는 행동이 어른답다고 생각했다. 부당한 대우를 당해도 꾹 삼키고 아무 말도 하지 않는 사람이 성숙하다고 생각했다. 하지만 지금은 아무 말도 하지 않는 사람은 어른이 아니라는 걸 알고 있다. 그리고 지금의 나는 기꺼이 시끄럽고 피곤하고 짜증나게 구는 사람이며, 이런 내가 자랑스럽다. 이제는 나도 나를 위해 들고 일어나겠다. 지금까지 가만히 앉아만 있으면서 놓친 것들이 너무 많다. 가만히 고개를 끄덕이며, 굳이 정정하지 않으며, '아…, 스트레스 받아가면서 굳이 그래야 할까?' 하고 생각하면서 잃은 것들이 많다. 가끔은 스트레스를 받아가며 굳이 행동해야 하는 일들이 있다. 바꿔야 한다고 말해주지 않는 이상 절대 바뀌지 않기 때문이다.

나의 행동에 대고 이래라저래라 지시하는 말은 더 이상 듣고 싶지 않다. 웃고 싶은 상황이 아닌데 남성을 기분 좋게 만들어주기 위해 굳이 미소 짓고 싶지도 않다. 억지로 상대방을 편안하게 해주는 사람이 되고 싶지도 않다. 아름다운 여성을 보고 즐거워하는 남성들이 가득한 공간에서 장식 같은 존재가 되고 싶지도 않다. 프로젝트에 참여해 함께 일하는 이유가 내가 일을 잘하기 때문에 혹은 실력이 뛰어나기 때문이기를 바란다. 나는 여성 비율을 맞추기 위해서 억지로 끼워넣어진 존재가 아니라 나에게 주어진 일을 하기 위해 그 자리에 있기를 바란다.

사실 우리는 못된 생각을 하는 것만으로도 충분하지 않다. 그렇다고 굳이 못된 말을 할 필요도 없지만, 혐오 발언을 하는 상대에게 "말 조심해. 나는 그런 식으로 하는 말은 참지 않아"라고 받아칠 수는 있다. 스스로 선을 정하고, 그 선을 지키고, 그 선을 넘으려는 시도에 대응하는 정도면 충분하다.

나를 비하하지 말자. 당신이 지닌 가치는 당신이 생각하는 것보다 훨씬 더 크다. 당신의 모든 것에는 가치가 있다. 이런, 말하다 보니 어느 시골 부엌에 걸려 있는 싸구려 달력에 나올 법한 명언을 읊는 기분이다. 어쨌든 나는 이제 더 이상 스스로를 낮추거나 문제를 외면하고, 타협할 수 없는 것들에 타협해 줄 생각이 없다.

벽에 붙여놓을 만한 새로운 문구로 '웃고, 끄덕이고, 그들이 특권을 누리고 있음을 깨우쳐 주어라'가 어떨까? 우리는 마침내 개선해 나갈 수 있으며 여성은 좁디좁은 공간이 아니라 절반을 차지할 권리가 있다는 사실을 널리 알리는 것이다.

나는 누구에게
완벽해 보이고 싶었던 걸까?

　　잠에서 깬 그녀는 부드럽게 눈을 비빈다. 정수리를 중심으로 내려앉은 머리칼은 황금빛 부채 모양이고 햇살이 비친 그녀의 얼굴은 마치 지상에 내려온 천사 같다. 그녀의 긴 속눈썹이 나비가 날갯짓하듯 움직이며, 천천히 잠에서 깬 그녀가 눈을 뜨자 푸른 바다빛의 크고 천진난만한 눈망울이 보인다. 그녀가 웃을 때면 작고 오뚝한 코가 살짝 찡그려진다. 그녀는 열두 시간을 자고 일어난 후에도 박하와 장미향이 나는 흰 이를 드러내고 완벽한 미소를 지으며 조용히 좋은 아침이라고 속삭인다. 피부는 탄력 있고 뺨에는 분홍빛이 도는 그녀의 얼굴에서 미소가 사라지지 않는다. 오늘도 누군가를 돌봐줄 수 있어 기분이 좋기 때문이다. 이제 그녀는 자리에서 일어나 눈처럼 새하얗고 짧은 새틴 원피스를 입고 커피를 끓이고 아침 식사를 만든다. 원피스는 키가 182센티미터에 몸무게는 26킬로그램인 그녀의 몸에 꼭 맞는다. 물론 그녀는 먹기도 정말 잘 먹는다. 매일 저녁 햄버거 일곱 개를 먹는 훌륭한 여성, 하지만 사람을 짜증나게 하지 않는 존재다.

　　—여성이 잠에서 깨어나는 모습을 묘사하는 2000년대 이전에 쓰인 거의 모든 책

　　열다섯 살 때 나는 매일 새벽 5시에 일어났다. 제시간에 등교를 하려면 아침 7시에는 집에서 나와야 했기 때문이다. 나는 누가 깨우지 않아도 매일 새벽에 일어나 아침을 조금 먹고 나머지 시간은 온통 꾸미는 데에 썼다. 있는 그대로의 내 모습이 마음에 들지 않았기 때문에 꾸며야 한다고 생각했다. 나는 이미 열네 살 때 지금만큼 키가 컸고 소위 말하는 통뼈였다. 몸집이 작지 않고 비욘세 스타일의 체형이었지만 운동이나 균형 잡힌 식단을 하지는 않았다. 비교적 허리는 가늘었어도 골반과 엉덩이가 넓었다. 살이 빠질 때도 팔과 얼굴 살이 먼저 빠졌지 배나 다리는 빠지지 않았다. 잡지 《브라보걸!BRAVO GIRL!》에서 뱃살이 단 1그램도 없어야 골반 바지 핏이 예쁘다는 글은 읽었지만, 계획적으로 다이어트를 해 본 적은 없었다.

　　남성의 보호 본능을 일깨우는 작고 아담한 여성이 되는

게 불가능하다고 일찌감치 깨달았던 나는 매력적으로 보이기 위해 다른 방법을 시도했다. 다행히 나의 십 대 시절은 자연스러운 메이크업보다 풀 메이크업이 유행이었다. 어울리는 멋진 옷을 입고, 다소 과하게 꾸미는 경우도 많았다. 어두운 옷을 입고, 진짜 왜 그랬는지는 모르겠지만 벨트도 하나가 아니라 여러 개를 착용하고, 징이 박힌 팔찌도 여러 개 찼다. 예쁘게 번지는 코스프레용 검은색 아이섀도도 필수였다.

점점 꾸밈에 대한 집착이 생겨 고데기로 컬을 넣고 긴 머리를 빗어 넘기기 시작했다. 손톱과 발톱에는 항상 색깔을 맞춰 매니큐어를 칠했는데, 그렇게 하는 편이 깔끔하고 정돈되어 보인다는 생각이 각인되어 지금까지도 그렇게 한다. 속옷도 위아래를 맞춰 입고 머리 모양이 괜찮은지를 확인했다. 참고로 연필로 머리를 꼬아 고데기로 컬을 잡았는데, 다시 말하지만 그땐 왜 그랬는지 모르겠다.

2000년대 흥행했던 청춘 영화를 한번 떠올려 보자. 여자 주인공들은 대부분 수수해 보였고 머리부터 발끝까지 완벽하게 치장한 스타일링과는 거리가 멀었다. 그들에게는 손 하나 까딱하지 않아도 나오는 자연스러운 아름다움이 있었다. 날씬하고 피부가 좋았다. 아름다웠다. 말로 설명할 수도 없고 바로 알아차리기도 힘든 자연스러운 본연의 어쩌고저쩌고하는 결코 닿을 수 없는 아름다움이었다.

그들로 인해 아름다움의 기준이 새롭게 등장하며 내가 더 열정적으로 꾸미기 시작했을 거라고 예상한 사람도 있겠지만, 나는 닿을 수 없는 간극을 느끼며 깊은 위기에 빠졌다. 우리 엄마가 나더러 못생겨 보이려고 부단히도 애쓴다고 말했던 게 어렴풋이 기억난다. 엄마가 보기에 그랬을 수도 있지만 나는 그저 나를 보호할 장치를 만들고 있었구나 하는 생각이 든다. 완벽해 보이고 싶다는 마음과 완벽함은 허상이라는 마음 사이에서 길을 잃었었다.

나는 도대체 누구에게 완벽해 보이고 싶었던 걸까?

요즘에는 인스타그램과 트위터에서 핑크색 배경에 반짝이 효과로 강조한 "당신은 있는 그대로 완벽합니다" 같은 내용의 문장을 매일 마주한다. 나의 청소년기를 떠올려 보면 이런 말을 듣기 어려웠던 것 같다. '연예인 □□□씨 다리 셀룰라이트' 따위의 기사가 1면에 실리던 시절이었다. 여성 연예인은 아기를 낳고도 날씬한 몸매를 유지해야 했고, 그러지 못하면 사람들이 떠났다. 살이 찌면 자기 관리에 손을 놓았다고 질타하거나 이별에 관한 가십이 돌았다. 이처럼 여성을 향한 끊이지 않는 평가는 사회적으로 용인되었고 상업적으로도 사용되었다.

쇼핑을 하지 않아도 스스로 만족하는 여성은 자연스럽게 소비도 덜 할 것이다. 그러면 그들이 스스로 만족하지 못하도록 끊임없이 의구심을 불어넣어 판매량을 늘리려는 시도가 이어진다. 이러한 시장 구조의 밑바닥을 탄탄하게 만들어주는 게 뭘까?

바로 남성의 시선이다.

트랜스포머의 메간 폭스는 도대체 언제 차를 고치나요?

'남성의 시선Male Gaze'이란 영화 이론에서 파생된 용어로, 시각 예술과 문학에서 이성애자 남성의 관점으로 여성과 세계를 묘사해내는 감독이나 작가의 행동 방식을 말한다.[63] 남성의 시선은 오늘날까지도 영화, 드라마, 책, 우리의 삶과 사회 전반의 서사를 지배하고 있다.

남성의 시선으로 그려낸 세계 속에서 여성들은 꽉 끼는 티셔츠에 무릎까지 오는 긴 양말을 신었지만, 바지는 입지 않은 채 아침 식사를 만든다. 새가 지저귀는 창밖을 내다보며 시리얼이 든 그릇을 꿈꾸듯 나른하게 휘젓는 그녀의 머리카락은 완벽하게 정돈되어 있고 피부는 스파에서 하루를 보낸 듯 광채가 난다. 이처럼 남성의 시선에서 여성들은 욕망의 대상이나 환상적인 존재로 묘사된다. 여성을 아름답고 단순한 존재처럼 보이게 만들려는 의도였다.

저널리스트 엘리자 틸레Eliza Thiele는 남성의 시선을 "남성 시청자의 요구를 충족시키기 위해 여성을 성적 대상으로 표현하고 서술하는 방식"이라고 설명한다.[64] 지극히 현실적인 셀룰라이트, 다리털, 헐렁하고 색이 바란 티셔츠는 그들의 시선에 의해 감춰지고 사라진다. 드라마나 영화에서 여자 주인공이 풀 메이크업을 하고 잠자리에 들었다가 다음 날 아침에 완벽하게 화장한 상태로 일어나는 점에 대해서 의문이 제기되지 않는다. 가끔 우리 아빠가 내가 화장을 하지 않고 나타나면 매번 피곤하니 아니면 아프니 묻는 이유도 그런 드라마 때문일 것이다. 그럴 때마다 나는 "아니. 아빠, 나는 그냥 안 꾸미고 화장을 안 한 거야. 다시 말할게, 화장을 안 한 거고 편도염이 걸린 게 아니라고"라고 말해준다. 참고로 예전에 편도염에 걸린 적이 있었는데 그때는 내가 봐도 진짜 아파 보였다.

남성의 시선으로 그려낸 여성상은 미디어에서 그토록 굳건하게 유지되다가 인스타그램의 등장 이후 비로소 논의의 대상이 되었다. 왜 이제서야 우리는 인스타그램 필터가 얼마나 유해한지 터놓고 이야기할 수 있게 된 걸까?

검색창에 '인스타그램 필터 심리'를 검색하면 0.4초 안에 92만 6천 개가 넘는 결과가 나온다. 오랫동안 남성의 시선으로 규정되어 온 여성상은 곧 밀레니얼 세대에 이르러 뷰티 필터라는 결과물을 낳았다. 밀레니얼은 심각하게 이상화된 여성상과 씨름했던 세대였다. 실제로 나를 비롯한 대다수의 소녀들이 세상이 만들어 놓은 여성상을 추구하며 살아왔다.

"그러면 영화에서 여자가 매일 아침 7시에 CD 플레이어를 들고 아파트 주변에서 춤을 추듯 조깅하던 그 장면도 비현실적이라는 소리야?"라고 말하는 사람도 있겠다. 당연히 비현실적이다. CD 플레이어를 들고 조깅을 하는 사람이 어디 있을까? 심지어 아침 7시에 조깅을 한다고?

영화 〈트랜스포머〉에서 그려진 메간 폭스를 기억해 보자. 그녀는 풀 메이크업을 한 채 운동으로 가꿔진 완벽한 몸매를 드러내며 부서진 차 앞에 기분 좋게 서서 엔진을 점검하고 있었다. 달라붙는 크롭 탑을 입고 자동차를 정비하는 취미를 가진 캐릭터였다. 여성을 위한 대안적 라이프스타일 잡지 《베엠엔wmn》에서는 "그 장면은 고장이 난 엔진에 관한 장면이었지만 엔진은 단 한 순간도 보여주지 않았다"라고 정확하게 짚었다. 하지만 아무도 상관하지 않을 것이다. 그런 여성이 맥주도 잘 마시고 축구 경기도 보러 간다면 완벽하게 이상적인 꿈의 여성일 테니까. 아, 물론 축구 경기에서 시끄럽게 소리를 질러서는 안 되겠지만 말이다.

대중문화는 도달할 수 없는 이상적인 여성상을 생산하

고 또 재생산한다. 이상적인 여성상에는 심리적인 것과 육체적인 것이 모두 포함된다. 언제나 변함없이 기분이 좋은 여성이 있을 수 있을까? 그럴 수는 없다. 믿기 힘들겠지만, 여성도 사람이기 때문에 행복해하거나 슬퍼할 수 있을 뿐만 아니라 복잡한 감정도 느낀다. 그리고 여성의 몸에도 털이 난다. 머리카락만 길고 풍성하게 타고난 게 아니라는 소리다. 게다가 당연히 생리는 하루에 12분 이상 지속되고, 몸무게 35킬로그램은 일곱 살만 되어도 넘는다.

나는 영화나 드라마에 등장하는 여성을 볼 때면 좌절감에 휩싸이기도 했다. 미디어에서 보여주는 이상적인 여성처럼 되는 것은 불가능하다는 사실이 나를 오랫동안 힘들게 만들었고 심리적 부담감을 주었다. 당연한 얘기지만 완벽한 여성상을 연기해냈던 연예인조차도 카메라 밖에서는 그런 모습이 아니었을 수도 있다. 열다섯 살 소녀가 나보고 왜 미디어에 나오는 여성들처럼 자동차를 좋아하지 않고, 잠에서 깰 때 풀 메이크업 상태가 아닌지 의아하게 여긴다면 이렇게 말해주고 싶다. 남성의 시선이 여성혐오를 굳건하게 만든다.

스케이드보드를 타는 여성, 자동차를 수리하는 여성, 스포츠를 좋아하는데 적당히 좋아하는 여성, 남자 친구에게 자유를 주는 여성, 질투가 많지 않은 여성, 피곤하게 굴지 않는 여성, 남편이 여가 시간에 무엇을 하는지 거의 관심이 없지만

218

다른 남성에게 눈길도 주지 않는 여성. 연인 간에 이상적인 관계를 형성하려면 여성은 남성에게 무언가 요구하거나 잔소리하지 않아야 하고, 여성이 아닌 남성이 선호하는 취미를 즐기면서도 매일 저녁에는 시상식에 가듯 완벽하게 아름다운 모습을 유지해야 한다고 가스라이팅하는 것 같다.

남성들이 꾸민 듯 안 꾸민 듯 자연스러운 여성을 선호한다고 말하지만, 사실 그 말이 무슨 의미인지 우리는 다 안다. 시간을 제일 많이 잡아먹는 게 꾸민 듯 안 꾸민 듯한 메이크업이다.

남성들의 시선으로 만들어진 여성상은 여성들을 서로 배척하고 라이벌로 여기게끔 만든다.

'저게 여자야?'

'여자들은 쿨하지 않고 짜증나게 해.'

'가장 여성스럽고 아름다운 여자는 누굴까? 드라마나 영화에서 남자들이 좋아하는 인물은 누구지? 관심종자처럼 보이지 않으면서 거슬리지 않게 웃으려면 어떻게 미소를 지어야 하지? 어떻게 해야 묘한 매력을 풍기면서도 헤프게 보이지 않고 우아하지만 도도해 보이지 않을 수 있을까?'

끊임없는 외모 평가와 이상적인 미의 기준은 악순환의 굴레에 우리를 밀어 넣는다. 여기서 그치지 않는다. 과학과 의학 분야에서도 남성 중심적인 편견이 파다하다.

엄청나게 끔찍하고 믿을 수 없게 가까운 사실들

"여성이 생물학적으로 열등하다는 사실은 다들 알고 있지만, 그 말을 입 밖으로 꺼낼 수는 없죠. 그러면 사회적으로 매장당하니까요!"

어느 날 나는 베를린에서 열린 한 행사에 참석해 많은 사람과 이야기를 나누고 있었다. 솔직히 처음에는 지금 내가 여기 왜 있어야 하는지 모르겠다고 생각했는데, 저 말을 듣고는 갑자기 흥미진진해졌다.

보통 이런 행사에서 맥주를 세 병째 마실 때쯤이면 다들 수다스러워져 슬슬 속마음을 얘기하기에 이른다. "다들 그렇게 생각하지만 요즘에는 무서워서 아무 말도 못 하죠"라고 운을 떼며 어떻게든 그 말을 하려는 자유의 투사들이 꼭 하나씩 있다.

그러나 나는 자유의 투사들을 처단하는 악몽 같은 존재. 저 정도의 말을 들어도 결코 실망하는 법이 없다. 그가 나불거리는 조잡한 이론에 따르면, 동물만 봐도 자연의 질서를 알 수 있단다. 수컷은 우두머리고 암컷은 어머니라는 것이다.

"그건 확증 편향이죠." 내가 대답했다.

"뭐라고요?" 그가 묻는다.

"확증 편향이라고요." 나는 그가 내 말을 들었지만 확증 편향이 무슨 뜻인지는 모른다는 것을 알았다. 굳이 설명하지 않고 내 말만 하기로 했다.

"확증 편향이란 자기 생각에 부합하는 정보만 선택적으로 취하는 경향을 말해요"라고 나는 위키피디아 정의를 인용했다. 그가 무슨 말을 하려 했지만 내가 더 빨랐다.

"벌은 어떻게 생각하는데요?"

"벌이요?" 그가 묻는다.

"네, 벌이요." 내가 말한다.

그가 더 이상 아무 말도 하지 못한다는 걸 확인한 나는 설명을 시작했다.

"벌은 암컷이 무리의 우두머리라는 것을 보여주는 좋은 사례죠. 벌 무리에서 우두머리는 오직 여왕벌뿐이고, 수컷인 왕은 없습니다. 여왕벌은 다른 일벌보다 몸집도 훨씬 커요.

일벌들도 암컷이기는 하지만 성기가 완전히 발달하지는 않죠. 번식력이 있는 수벌은 오직 여왕벌과 번식을 하기 위해서만 존재할 뿐이고, 짝짓기가 끝나면 몸 안의 장기가 파괴되어 죽게 됩니다. '땡큐, 넥스트'가 되는 거죠. 수컷들이 이 무리에서 하는 역할은 오직 정자를 생산하는 것뿐이고, 무리를 통치하지도 못하며 일을 하지도 않습니다. 벌뿐만이 아니에요. 거미는 보통 암컷이 수컷보다 크기가 크고, 짝짓기를 하는 중이나 끝난 후에는 수컷을 죽이고 먹기도 하죠. 침팬지의 일종인 보노보는 인간과 가장 유사하다고 알려진 유인원인데, 보노보 무리에서도 수컷이 우두머리 역할을 하는 경우는 거의 없고 대부분 암컷이 우두머리 역할을 해요. 그리고 암컷끼리는 서로 유대감이 강한 반면, 수컷은 사회적 작용이나 관계를 거의 쌓지 않죠. 그리고 또 뭐가 있을까요? 참, 처녀생식이라는 것도 있어요. 어떤 도마뱀은 수컷 없이 암컷 혼자서 번식을 하죠. 심지어 처녀생식으로도 유전적인 문제는 하나도 없다고 해요. 말하려면 얼마든지 더 말할 수 있지만, 한마디로 자연에는 당신의 말을 반박할 수 있는 사례가 넘쳐난다는 겁니다. 남성 생물학자들이 오랫동안 여성혐오적인 편견을 만들어온 것이 지금까지 이어지고 있어요. 여자에게는 남자가 필요하다, 우가 우가. 여자는 약하고 남자는 강하다, 우가 우가. 뭐 이런 식이죠. 그거 아세요? 진화론을 창시한 다윈은 열정적인 생물학자였지만 동시에 열정적인 여성혐오자이기도 했어요. 다윈이 퍼뜨린 수많은 반쪽짜리 사실들, 즉 능동적이고 공격적인 남성과 수동적이고 돌봐주는 여성의 공존이 본성이라는 주장은 여전히 많은 사람의 인식에 영향을 미치고 있어요. 방금 말씀하신 확증 편향에서 벗어나 공부를 좀 하고 싶다면 리브 스트룀크비스트Liv Strömquist의 《선악과Fruit of Knowledge》라는 책을 추천해요. 방금 제가 말한 벌이나 도마뱀 같은 예시로 그런 내러티브에 반박하는 책이에요."

공허한 그의 두 눈이 나를 바라본다. 그리고 아무 말도 없다.

"나는…," 그가 말한다. "나는 그런 뜻으로 말한 게 아니에요."

이 기나긴 독백을 굳이 가져온 이유는 내가 저 남자에게 했던 것처럼 일상에서 줄곧 사실을 잘못 알고 있는 특정 남성에게 알려주기 위함이다. 생물학적으로 성별을 단순히 여성과 남성으로만 구분할 수는 없다는 얘기도 하고 싶지만 그랬다가는 걷잡을 수 없이 길어질 테니 이쯤에서 마무리하려 한다. 중요한 것만 말하면 성별에는 여성과 남성만 있는 게 아니라는 점이다.

여성혐오는 인류에게 공존에 대한 인식과 위계질서에

영향을 끼칠 뿐만 아니라 여성의 신체도 왜곡하게 만든다. 여성들은 종교나 가부장제 어쩌고저쩌고 덕분에 자기의 몸을 부끄럽게 생각하도록 학습되어왔다. 외음부와 질의 차이를 아는 사람이 별로 많지 않은 점만 봐도 그렇다. 교육 잡지에서조차도 여성의 성기에 대해서는 제대로 알려주려는 노력을 오랫동안 해오지 않았기 때문이다. 생각해 보니 대부분의 남성이 왼쪽 대음순 근처에서 클리토리스를 찾으려 한다는 것도 별로 놀랍지 않다. 대음순과 소음순이 겉으로 드러나 있다는 사실을 제대로 알려주는 데가 없어 지난 수십 년간 이 부위에 대한 성형 수술 대란이 일어나기도 했다. 여성의 신체에 대한 교육과 설명이 이뤄지지 않은 나머지, 자기 몸이 유별나다거나 이상한 게 아닌지 불안해하는 여성들이 외음부의 크기를 줄여서 숨기려 했다.

생리도 마찬가지다. 최근까지도 생리대 광고에서 피는 파란 액체로 묘사되었다. 심지어 그 광고에는 생리 중인 여성들이 소형 생리대로 역겨운 냄새를 가릴 수 있다고 하면서 흰색의 짧은 테니스 치마를 입고 행복하고 자유롭게 뛰어다니는 모습이 등장한다. 마치 꽃향기로 더러움을 어떻게든 덮어야 한다는 듯이.

나는 생리 중에는 테니스를 치지 않고, 생리로 파란색 스팽글을 흘리지도 않는다. 내가 흘리는 것은 피다.

이처럼 생리를 비밀스럽게 대하는 분위기는 예상하다시피 오래전부터 월경을 불경하다고 여겼던 데에서 기인한다. 그러나 생리가 언제나 불경하다고 여겨진 것은 아니다. 기원전에는 생리를 신성하다고 여겼다는 증거가 있다.[65] 당시 생리는 다산과 강인함의 상징이었다. 고대 유물과 조각상에는 월경 중인 여성을 숭배하는 모습도 찾아볼 수 있다.[66] 그러나 시간이 흐르고, 일부 남성들은 고대의 상징성을 전혀 고려하지 않은 채 생리를 둘러싼 새로운 해석을 만들어냈다. 왜 굳이 일부 '남성'을 콕 집어 언급하느냐고? 지금까지 남성들이 썼던 책을 떠올려 보라. 구약성경에도 생리 중인 여성이 부정하다는 내용이 있다.[67]

현대에도 생리는 공공연하게 비밀스럽게 다뤄진다. 생리 중에 신체 능력이 떨어지는 당연한 순리에 대해서도, 심지어는 생리통으로 아파서 일을 하지 못하는 사실도 상황을 가려가며 말하게 된다. 타라 무슨 소릴 하는 거야, 당연히 생리 중이라고 떠벌리면 안 되지. 페미니즘이 원하는 게 뭐야? 남자랑 동등하게 일하겠다는 거잖아, 그러면서 생리를 운운하며 남자처럼 똑같이 일할 수는 없다고?

하, 유머로 받아들이려는 노력 좀 해봤다. 이렇게라도 하지 않으면 분노를 참을 수 없어 이 대목에서 페이지를 찢어 버리고 말 것 같았기 때문이다.

다시 한번 강조하지만 여성들은 어릴 때부터 자기 신체를 부정하거나 신체의 일부를 숨기도록 강요받았다. 인스타그램의 모기업 메타가 여성의 유두가 드러난 사진은 차단하는 반면, 남성의 유두가 드러난 사진은 내버려두는 이유를 생각해 보자. 왜 그럴까? 여성의 유두가 드러난 사진은 자극적이라고 생각하는 반면 남성의 유두가 드러난 사진은 자극적이지 않다고 여기니까 그렇다.

어떤 여성혐오는 여성들을 죽음까지 이르게 만든다.

내가 구글을 처음으로 사용했을 때는 스물세 살 무렵이었다. 몸이 좋지 않을 때면 종종 구글에 증상을 검색해 보았다. 나처럼 걱정이 많은 사람이라면 인터넷에 의심이 가는 질병에 대해 검색하는 행동을 추천하지 않는다. 하지만 궁금해 죽겠으니 달리 방법이 없었다. 검색을 하면 할수록 내 주변에 죽음의 위험이 도사리고 있다는 확신만 들 뿐이었다. 계속 보다 보니 어느 시점에는 비행기를 탈 엄두조차 나지 않을 지경이었다. 담배를 한 대라도 피우면 바로 죽어버릴 것 같은 생각에 담배도 끊었다(물론 그건 잘한 일이다). 가슴이 조금이라도 답답하면 심장마비 증상이 아닐까 무서웠고, 몸이 피곤하면 3일에서 5일 안에 사망으로 이어질 불치병의 전조 증상이라고 생각했다.

응급실도 여러 번 드나들었는데, 갈 때마다 곧장 집으로 돌려보내져 상당히 창피했다. 그럴 때면 '공황 발작이 어떻게 일어나는지, 내가 어떻게 대처해야 하는지 모른다는 이유로 사람의 목숨이 달린 중요한 일로 지쳐 있는 병원 사람들을 방해하면 안 돼' 하고 되뇌었다.

얼마 뒤 주변 사람들에게 내가 가진 두려움에 관해 이야기를 털어놓기 시작했고, 몇 년 후에는 치료도 받았다. 이후 베를린으로 이사하면서 새로 다니게 된 병원의 의사에게는 솔직하게 내가 겪고 있는 상황을 말했다.

"안녕하세요, 저는 타라라고 합니다. 저는 가벼운 불안 장애가 있어요. 특히 건강에 대해서는 건강염려증까지는 아니지만 불안감이 꽤 있어요. 저는 이런 얘기를 하는 게 중요하다고 생각해요. 이제는 비교적 생각을 잘 통제하고 있고, 제 몸을 믿을 수 있게 되었답니다."

근데 결과적으로 이렇게 솔직하게 털어놓은 건 실수였다. 실제로 내가 어딘가 아플 때마다 의사들은 내가 진짜로 아픈 게 맞는지 유독 오랫동안 확인했다. 그들은 내게 정확히 어디가 아픈 것인지를 집요하게 물었다. 그럴 때마다 의사들이 대체 나를 어떻게 생각하고 있는지가 궁금했다. 그러던 어느 날 내가 줄곧 짐작만 하던 말을 드디어 입 밖에서 꺼내주었다.

"글쎄요, 환자분이 전체적으로 좀 과하게 생각하는 것 같은데…. 맞죠? 별로 신경 쓰지 마세요. 여성 환자분들은 대체로 그러거든요."

　이 말에서 의학에 깃든 여성에 대한 편견을 짐작할 수 있다. 몇 가지만 더 말해보겠다. 심혈관 질환은 성별과 관계없이 전 세계 불문 주요 사망 원인으로 꼽힌다. 그런데도 여성의 심장마비 전조 증상은 일찍 알아채기가 힘들다. 여성의 심장마비 증상은 보통 널리 알려진 바와 다르기 때문이다. 대개 가슴을 찌르는 통증이 팔까지 번지는 증상을 심장마비의 전조 증상으로 알고 있는데, 이는 주로 남성에게 나타나는 증상이다. 여성의 경우에는 심장마비 전조 증상의 범위가 남성보다 훨씬 넓어 견갑골 사이의 통증, 턱과 머리에서의 통증, 상복부 통증, 메스꺼움까지 포함한다. 심장마비 전조 증상이 남성 기준으로 널리 알려진 탓에 여성 응급 환자는 남성 응급 환자보다 평균 30분은 늦게 병원에 도착한다고 한다. 심장 약의 복용량도 남성을 기준으로 정해져 있어 여성에게는 치명적인 경우가 적지 않다.

　가장 무서운 점은 남성 위주로 진행되는 임상시험 결과를 가지고서 제조된 의약품이 남성과 여성을 구분하지 않고 처방되고 있다는 것이다. 비교적 안전한 약물이라고 여겨지는 아스피린조차도 남성과 여성에게 나타나는 효과가 각각 다르다. 아스피린을 복용했을 때 남성의 경우에는 심장마비에 대한 예방 효과가 있지만, 여성의 경우에는 뇌졸중을 예방

하는 효과가 있다.[68] 대체 왜 세계 인구의 절반이나 차지하는 여성을 고려하지 않는 걸까?

이처럼 의학 연구에서 여성의 신체는 남성의 신체보다 뒷전이며, 충돌 테스트와 같은 안전성 검사도 대개 남성의 신체를 기준으로 한다. 심지어 수술을 앞둔 여성의 신체에 관해서도 남성의 기준이 우선시 될 때도 있다. 그 예시가 '허즈번드 스티치Husband stitch'다. 여성이 자연분만 할 때 회음부가 찢어진다는 사실을 알고 있는가? 그래서 출산 직후 여성의 회음부를 봉합해야 하는데 의사들이 남편을 위해 본래 필요한 만큼보다 한 땀 더 봉합한다고 하여 허즈번드 스티치란다. 놀랍게도 허즈번드 스티치는 지금도 여전히 행해지고 있다. 정말 충격적인 일이다.

상상해 보라. 당신은 남편과 아이를 만들었고, 비로소 인생에서 가장 고통스러운 순간이었을 출산을 지금 막 해냈다. 그런데 의사가 다가와 남편에게 눈을 찡긋하면서 회음부를 더 좁게 꿰맬 것인지 물어본다. 내 몸은 너덜너덜해졌는데 "우리 남자들끼리는 알잖아요. 더 나은 성생활을 즐기세요"라고 눈을 찡긋거리며 그런 얘기를 나누고 있다. 아니, 정말 사양한다. 내가 처음 허즈번드 스티치에 대한 글을 읽었을 때는 도대체 내가 뭘 읽고 있는 것인지 하나도 이해하지 못했다. 진짜 이딴 게 있다고? 안타깝지만 사실이다.

허즈번드 스티치를 받은 여성은 이후 몇 개월에서 몇 년 동안 성관계를 할 때마다 고통을 겪는다. 왜냐고? 자기도 모르는 사이 질이 좁게 꿰매졌기 때문이다. 그게 남편에게 주는 의사의 선물이라니, 참 대단한 의술이다.

내 삶을 송두리째 뒤흔든 한 여성

지금부터 들려줄 이야기를 생각하니 벌써부터 마음이 설렌다. 여러분의 기대감도 한껏 올라갔을 것이다. 이제 드디어 긍정적인 이야기를 할 차례다. 바로 PWB에 대한 이야기다. 아니, 이건 '땅콩과 베리peanuts with berries'나 '음경과 고환penis with balls', '선을 긋는 사람person with boundaries'의 약어가 아니다. PWB는 앞서 소개한 〈킬링 이브〉의 제작과 각본을 맡은 피비 월러브리지다. 피비는 이름도 정말 길지만 철자 수만큼이나 많은 것에 풍부한 재능이 있다.

시나리오 작가이자 배우인 그녀는 내가 언제나 상상하는 것에 그쳤던 장면들을 현실로 끌어왔다. 그녀가 쓰는 대사들은 몇 년간 곱씹다가 의미를 깨달은 적이 있을 만큼 고차원

적이다. 그녀를 알고 나서부터 영화와 드라마를 보는 나의 관점이 완전히 바뀌었고, 드디어 공감할 수 있는 인생 캐릭터를 만났다.

드라마 〈킬링 이브〉의 빌라넬이다. 작품 속 본명 옥사나 아스탄코바, 또는 킬러, 아마도 사이코패스에 최소 소시오패스인 그녀는 작중 인물 이브를 만난다. 정형화된 삶을 살아가던 이브는 마흔네 살에 진정 자기가 어떤 사람인지, 누구를 사랑하고 싶은지를 깨닫는다. 그 대상은 바로 빌라넬이었다.

피비의 손에서 태어난 인물은 퀴어 성향이 많지만, 그렇다고 작품의 주제가 퀴어에 대한 것은 아니다. 인물들은 그저 생긴 대로 존재하며 자기에 대해 부연 설명하지도 않는다. 눈물을 쏟으며 커밍아웃하거나 자기 정체성에 대해 이야기를 많이 하는 것도 아니다. 그들은 자연스럽게 겨드랑이 털을 밀기도 하고 남은 털은 그냥 뽑아버리기도 하는데, 이게 그들이 자기 몸을 대하는 방식이다. 다른 영화나 드라마와는 달리 화장실에 가는 모습도 보여준다. 사랑스럽다고 할 수 없는 현실에서의 일상을 그려낸다. 피비의 작품은 나 자신을 열렬하게 사랑해야 하고 그렇지 않으면 패배자가 된 것 같은 느낌을 주는 주입식 자기애와는 분명 거리감이 느껴진다.

피비의 작품에서는 왼쪽 콧구멍에 작은 뾰루지조차 사랑스러운 우리라든가, 과체중이어도 남자 두 명이 사랑한다고 매달리는 브리짓 존스처럼 좋은 날이 올 거라는 얘기도 하지 않는다. 영화 〈브리짓 존스〉 3부작은 비만 혐오를 대놓고 보여준다. 주인공 브리짓 존스도 자기 마음속에 자리 잡은 비만 혐오로 힘들어한다. 그녀에게 체중 감량이란 곧 행복으로 가는 지름길이자 궁극적인 목표인데, 그래야 남성에게 사랑받을 수 있다는 논리적인 이유 때문이다. 결국 〈브리짓 존스〉 시리즈에서 여성의 목표는 남성의 사랑을 받는 것이 된다.

〈브리짓 존스〉 시리즈가 개봉했던 2000년대 초반, 십 대였던 나는 극장에서 이 영화를 보는 걸 좋아했다. 추억은 가지고 있지만 2000년대 로맨스 코미디 영화가 완벽하지 않았다는 점을 인정한다. 미화하고 싶지도 않다. 다이어트가 곧 행복에 직결되는 건 아니며 남성의 사랑을 받아야 비로소 사랑스러워지는 게 아니다. 이런 영화는 사람을 불안하게 만들고 최악의 경우 식이장애를 유발한다.

피비의 세계에 등장하는 인물들은 불완전하다. 그래서 인간적이다. 인간적이라는 것은 때로는 도덕적인 결함이 있다는 의미이기도 하다. 영화나 드라마 속 인물이 가끔 짜증나는 면이 있어도 결국엔 옳은 일로 끝맺는 완벽한 사람일 필요는 없다고 생각한다. 그리고 '옳다'는 가치는 현 시점에서의 옳음을 의미한다. 옳다는 것은 곧 시대정신으로, 악플 세례나 비난을 받지 않는다는 정도니까. 그러니 지금 우리에게 필요한 건 사랑스럽지 않을지언정 진실한 인물들이다.

피비가 각본을 쓰고, 주연을 맡은 드라마 〈플리백〉을 보면 주인공을 미워해야 할지 사랑해야 할지 도무지 판단이 되지 않는다. 주인공인데 이름조차도 없는 이 인물은 시청자들이 이전까지 본 적 없는 새로운 유형의 인물이다. 그녀는 '플리백Fleabag'이라고 불리는데, 케임브리지 영어 사전에서는 플리백을 '더럽고 불편한 사람이나 동물'로 정의한다. 그리고 그 의미처럼 플리백은 정말 불편한 인간이다. 일단 사람을 기분 좋게 만들어주는 명랑한 인물이 전혀 아니다.[69] 무엇보다도 플리백은 커다란 실수를 저지른다. 플리백은 금기시되는 어떤 남자와 잠을 자는데, 그로 인해 심각한 결과가 발생한다. 스포일러를 피하고자 여기까지만 설명할 테니, 아직 보지 않은 사람들은 꼭 시청하길 바란다.

플리백이 불편하게 느껴지는 또 다른 이유는 그녀가 사람을 대할 때 조금도 노력하지 않기 때문이다. 플리백은 시끄럽고 도둑질하고 사기를 치지만, 동시에 연약하고 사랑받고 또 사랑하기를 원한다. 플리백은 사과해야 한다는 것을 잘 알면서도 사과하지 않는다.

하루 걸러 인플루언서와 코미디언★ 들이 대중을 실망시

★　물론 대중에 사과를 하는 코미디언은 주로 남성들이다.

키고, 그들이 사과하는 게시물과 해명 영상이 넘치는 시대다. 사과가 진심인지, 사과하는 것조차도 대중의 입맛에 맞춰 하나의 트렌드가 되어버린 건 아닌지 알 길이 없다. 만약 용서를 구하는 행위가 자숙한 지 1~2년 뒤 컴백해 텔레비전 쇼에 얼굴을 내비치고 투어를 시작하고 판매 중단했던 후드 티를 다시 판매하기 위한 마케팅 전략이 되어버린다면 사람들은 더욱 사과에 무감해질 것이다. 대중은 이내 사과에 담긴 진정성을 의심하게 되며, '제발 저를 용서해 주세요'와 같은 말은 '이쯤 했으면 용서해 줘'로 들릴 것이다.

하지만 플리백은 표면적인 사과조차도 하지 않는다. 차라리 그녀의 행동이 도덕적으로 더 나은 일일까? 나는 적어도 더 나쁘다고는 생각하지 않는다. 생각해 보면 삶의 여러 순간에서 나 역시 플리백처럼 굴었다.

피비가 만든 드라마를 통해 비로소 나는 항상 기분이 좋을 필요도 없으며, 주변 사람들을 늘 기쁘게 만들어줄 의무가 없다는 사실을 깨달았다. 다른 사람들이 나를 보고 '편안한 사람이네'로 여기는 게 나의 삶의 목표가 되는 것을 바라지 않는다.

나는 다른 사람들이 나를 판단하거나 평가하기를 원치 않는다. 누가 알겠는가? 몇 달, 혹은 몇 년이 지나면 나는 더 나은 사람이 될 수도 있고 오히려 그 반대일 수도 있다. 그러나 오해는 하지 말길 바란다. 나는 못난 사람처럼 굴려는 게 아니다. 그저 사랑받기 위해, 완벽한 사람이 되기 위해 노력하고 싶지 않다. 나는 그냥 나로 살고 싶다. "미안, 오늘은 내가 너무 나다워서 불편하게 느꼈을 수도 있겠다. 너도 너다울 수 있게 덜 그러려고 노력해 볼게"라고 말하며 타협하지 않고 싶다.

나에게는 빌라넬과 플리백 같은 역할 모델, 〈킬링 이브〉나 〈플리백〉과 같은 드라마가 필요했다. 틀려도 괜찮다고 말해주고, 나의 특정 행동이나 소셜 미디어의 단 하나의 게시물이 나의 전부도 아니며, 무엇이든 항상 좋거나 항상 나쁠 수 없음을 알려주는 롤 모델이 있었으면 좋았을 것 같다. 나는 언제나 그냥 여성이었으니까.

다른 여성들과 경쟁자가 아니라 친구가 되고 싶고, 복잡하면서도 동시에 단순한 관계를 쌓아가고 싶다. 여성과 연대를 느끼고 서로의 아름다움을 이야기해 주고, 때로는 싸우기도 하면서, 같은 성별이기 때문이 아니라 인간 대 인간으로 사이좋게 지내길 꿈꾼다.

피비 월러브리지는 내 마음 속에 자리 잡았던 여성혐오를 극복하는 데에 도움을 주었다. 내가 잘못을 해도, 내가 여성이라고 해도 꽤 좋은 사람이 될 수 있음을 알려주었다. 피비의 여성들은 겉으로 꾸며낸 친절함으로 무장하지 않는다. 그들은 사랑과 자기 불신으로 가득하다. 그들은 항상 완벽하지 않은 존재이고, 가끔은 일부러 불완전한 척도 한다. 세상의 눈으로 보기에 이들은 정말 틀려먹었다. 젠장, 여성이 된다는 건 이렇게 복잡하고 어려운 일이다.

하지만 적어도 그들은 '진짜'다. 진짜 불편하고, 진짜 납득할 수 없고, 진짜 사랑스럽고, 진짜 웃기고, 진짜 똑똑하고, 진짜다.

우리는 인스타그램 필터와 핑크색 면도기로 가득하며, 같은 여성조차 서로 미워하게 만드는 세상을 살아가고 있다. 쏟아지는 모욕과 성차별, 남성들의 권력 남용과 여성혐오 사이에서 피비는 꼭 한쪽을 선택할 필요가 없다는 사실을 보여준다. 모든 것을 동시에 좋아할 수 있고, 모순되는 것을 동시에 사랑할 수 있으며, 그렇다고 해도 괜찮은 여성이다. 여성의 일이라고 여겨지는 행동을 하지 않아도 그냥 여성으로 존재할 수 있다. 그 사실을 깨달은 이후 그 어떤 서랍도 나를 가둘 순 없다.

우리가 분열하는 이유는 생각의 차이 때문이 아니라
그 차이를 깨닫고, 받아들이고, 축하하지 못하는 무능함 때문이다.

— 오드리 로드Audre Lorde

자, 이제 심호흡을 할 시간이다. 커피도 한잔 마시자. 아니면 베이직걸의 상징인 펌킨 스파이스 라테도 좋다. 여기까지 읽었다면 이제 우리는 '여성스러운' 모습이어도 괜찮다는 걸 아니까. 여성스럽다는 건 누군가에게는 여성 임원 같은 이미지일 수도 있고 다른 누군가에게는 반짝거리는 똥 같은 이미지일 수도 있지만 무엇이 되었든 괜찮다.

맞다. 나는 아직도 화가 나 있다. 생각해 보라. 여성들은 남성뿐만 아니라 다른 여성들에게까지 미움을 받는다는 게 결론인데, 어떻게 화를 내지 않을 수 있겠는가? 그 해결책이라고는 가부장제를 무너뜨리는 일뿐이고, 그게 그렇게 쉬운 일이었다면 이미 진작 해결되고도 남았으리라고 생각하면 더욱 화가 난다.

당장이라도 이 세계가 모계사회로 뒤바뀌어 여성이 우위에 선다 해도 우리는 곧바로 가부장제에서 벗어나기 힘들다. 가부장제 구조 아래 평생 동안 살아왔고 아무리 저항한다 해도 사고방식과 마음속에는 이미 가부장제가 내면화되어 있기 때문이다. 심지어 우리는 어머니와 비슷해지는 것을 두려워하는 모성공포Matrophobia적인 행동을 할 때도 있다. 여성은 어머니로 자라 자신을 희생하기 위해 존재하지만, 자녀와는 그 어떤 지적 교감도 하지 않는다는 플라톤, 루소, 페스탈로치의 세계관을 우리의 손으로 이어간다.

지금까지 우리는 여성혐오가 언제나 명백하게 드러나지 않는다는 것을 알게 되었고, 마음속에 깊이 뿌리 내린 여성혐오는 일상에서 은연중에 나타나는 것을 확인했다. 오히려 내면화된 여성혐오를 인식하고 대처하기는 대놓고 혐오를 일삼는 사람에게 대항하는 것보다 어려울 수도 있다.

마음이 답답하고 상처가 되며 지친다는 느낌을 무시하

지 말자. 누군가 당신이 여성이라는 이유로 무시할 때 이런 느낌을 받는다. 이 사회 안에 당신의 자리가 정해져 있고 그 자리를 벗어나는 행위가 허락되지 않아 매번 되돌려 보내진다는 느낌을 받는다면 그것은 여성혐오다. 그리고 여성을 정해진 자리에 몰아넣고 그곳에서 벗어나려는 여성을 공격한다면 그것도 여성혐오다.

여성혐오는 대개 미묘한 경우가 많으며, 때로는 선의의 조언이나 칭찬인 양 행세하기도 한다. "애를 둘이나 키우면서 풀타임으로 일도 하다니 정말 대단하네요!"라는 말은 칭찬이 아니다. 이런 말을 하는 사람이 누구이든 간에 칭찬의 탈을 쓴 여성혐오다. 이 말을 하는 사람이 여성일지라도 마찬가지다. 여성이 여성혐오적인 말을 하는 이유는 교육을 제대로 받지 못했거나 성격이 나빠서가 아니다. 우리와 마찬가지로 가부장제 사고방식과 관념 속에서 사회화되었기 때문이다. 칭찬인 양 내뱉은 저 여성혐오적인 말의 속뜻은 여성은 육아를 하면서 풀타임으로 일도 해야 하지만, 이 모든 것을 처리하기 위해 개인적인 커리어는 양보해야 한다는 뜻이다. 그렇지 않으면 요리는 누가 하고 빨래는 누가 하겠는가?

"자기 진짜 대단하다. 그런데 나는 이거 어떻게 해야 하는지 잘 모르겠는데 자기가 해줄 수 없을까…?" 이런 말은…, 바로 그거다. 우리가 앞서 배운 무기화된 무능력이다. 성 역할 고정관념을 이용해 상대방의 행동을 내가 원하는 대로 조종하려는 모습이다. 할 줄 모른다는 말 하나로 책임을 떠넘기는 무기화된 무능력말이다. 얘기가 나와서 덧붙이는데 '집안일' 대신 '돌봄 노동'이라는 단어를 사용하자. 내 것만이 아닌 가족 구성원 전부의 양말을 개는 행위는 귀엽고 소소한 취미가 아니라 노동이다. 무급 노동이라고 해도 다른 직업에 비해 더 중요하면 더 중요했지 덜 중요한 일은 결코 아니다.

페미니즘은 인종차별과 비슷한 점이 많다. 당사자를 둘러싼 논의는 있지만, 당사자와 직접 논의하지는 않는다. 그래서 우리는 대중매체에서 백인들이 원탁에 둘러앉아 인종차별이 얼마나 끔찍한지, 언젠가는 반드시 바뀌어야 하는 문제라고 떠드는 모습을 보게 되는 것이다.

이러한 구도를 거쳐 여성은 재능이 없고, 정서적으로 불안정하고, 멍청하고, 이해력이 낮고, 일을 못하고, 전반적으로 훌륭하지 못하고, 카리스마도 없고, 끈기가 있거나 열정적이지 못하다는 주장이 제기되었다. 왜냐하면 여성은 호르몬에 휘둘리고, 통제력이 없고, 히스테리를 일으키고, 피곤하고, 시끄럽고, 나쁜 엄마이자, 아이를 낳지 않거나 혹은 아이가 있음에도 일에만 집중하는 나쁜 상사, 나쁜 외교장관이기 때문이다.[70] 여성은 늘 부족하다고 여겨진다. 아무리 노력해도 완벽해질 수 없다. 왜냐하면 결국 여성이기 때문이다.

이 책의 첫 장에 똑같은 제목이 있지 않았었나? 됐고, 나에 대한 이야기를 털어놓았던 게 좋았기 때문에 나에 대한 이야기를 다시 한번 해보려 한다.

이 책을 쓰며 나를 성찰했다. 나는 종종 집중해서 긴 시간 동안 성찰한다. 내 안에 여성혐오가 깊이 내재해 있는 걸 잘 아니까. 잘 알다시피 내면의 여성혐오를 스스로 들여다보는 건 절대 쉽지 않다. 왜냐하면 앞서 말했듯 여성혐오는 칭찬을 가장하기도 하고 다른 여성을 깎아내리는 등 미묘한 방식으로 도사리고 있기 때문이다.

나는 처음부터 깨어 있던 사람이었다고 말하고 싶지만, 그렇지 못했고 지금도 여전히 그렇지 못하다는 사실을 마음

아프게 인정한다. 하지만 내 마음속에 여성혐오적인 생각과 싸우려 노력했고, 이러한 시도 끝에 마음이 훨씬 편안해졌다. 정신 나간 소리처럼 들릴지 몰라도 다른 여성이 적이나 라이벌이 아닌 잠재적인 동지이자 친구로 보이기 시작한 이후 세상을 바라보는 눈이 넓어졌고 자유로워졌다. 여성을 향해 미소를 짓고 그들이 내게 미소로 화답할 때 행복을 느낀다.

누군가가 나에게 다른 여성에 대해 나쁜 이야기를 하려고 할 때면 내가 그 얘기를 듣고 싶은지를 생각한다. 그리고 가장 중요한, 내가 그 이야기를 믿고 싶은지도 생각해 본다. 그리고 그 말을 믿으면 기분이 좋아질지, 애초에 다른 사람이 별로라고 떠드는 말로 인해 내 기분이 좋아지는 이유에 대해서도 곰곰이 생각해 본다.

지금도 기억하는 어린 시절 친구가 하나 있다. 나와 정반대로 사랑스럽고 체구가 작은 친구였다. 이미 여러 번 말했듯 나는 키가 큰 편이고 이미 열네 살 때부터 지금 키였다. 지금 와서 하는 말이지만 체구가 작은 여성의 입장에서 사랑스럽다거나 남성의 보호 본능을 일깨우는 존재라는 취급을 계속 받는 건 굉장히 피곤한 일일 것이다. 아무튼 십 대의 나는 보호가 곧 사랑이라고 생각했기 때문에 보호받는 존재가 되고 싶었다. 생물학적인 관점에서 봤을 때도 남성은 보호하는 역할, 여성은 보호받는 역할이라고 착각했다. 하지만 우리는 앞서 생물학과 의학에 깃든 여성혐오에 관해 파헤치며 그러한 주장이 사실이 아니라고 확인했다.

어쨌든 이 친구는 나보다 체구도 작고 사랑스러우며 무엇보다도 훨씬 예뻤다. 나는 질투에 사로잡히면서도 친구의 아름다움이 그 친구의 잘못은 아니라는 사실도 알고 있었기 때문에 마음이 불안했다. "다른 사람의 불을 꺼버린다고 하여 나의 불이 더 밝게 빛나는 건 아니다"라는 유명한 말이 있지 않나. 나는 그 친구 앞에서 솔직한 기분을 말해버리거나 부당한 행동을 하지 않았다. 자, 이제 당연한 행동을 해놓고 박수라도 바라는 거냐고 생각하겠지? '와, 타라는 어렸을 때 자신의 친구를 질투했지만 친구에게 티를 내거나 함부로 대하지 않았다고? 정말 대단해! 이런 쓰레기 같은 행동에 박수를!'이라고?

부디 마음 편하게 나를 비난해 주기를 바란다.

그러던 어느 날 흥미로운 사실을 발견했다. 그 친구의 머리에 비듬이 있었다. 이럴 수가, 나는 그 사실을 발견하자 행복해졌다. 마침내 친구에게도 단점이, 심지어 눈에 보이는 단점이 있었으니까. 그리고 나는 비듬이 없었으니까. 그거면 된 거였다.

그런데 이상한 일이 일어났다. 이내 기분이 나빠진 것이다. 친구의 결점이나 찾는 내가 인간인가? 내 자존감은 도대체 얼마나 낮은 걸까? 이렇게 나와 친구를 비교하면서 내가 좋은 친구가 될 수 있을까? 복잡한 감정을 정리해야 한다는 사실을 깨달은 나는 그 친구와 모든 연락을 끊었다. 그냥 그렇게 해버렸다. 지금 생각해 보면 그리 좋은 결정은 아니었지만 말이다. 몇 년 후 다시 만난 친구에게 그때의 내가 어떤 상태였는지를 솔직하게 털어놓았다. 친구는 그 말을 듣고 내게 고맙다고 말했다.

누군가가 착하고 예쁘다는 이유만으로 일방적으로 연락을 끊어버리다니 정말 너무한 일이었다. 타라야, 대단하기 짝이 없다. 누구에게도 말하지 않는 편이 좋을 만큼 부끄러운 행동인데 지금 그걸 책에 써서 모두가 볼 수 있게 하겠다고? 맘대로 해.

내가 부끄러움을 참고 굳이 이 이야기를 한 이유는 내가 과거에 비해 얼마나 달라졌는지를 보여주기 위해서다. 나와 달리 운이 좋아 페미니즘을 지향하는 가정에서 자랐거나 청소년 시절에 이미 좋은 역할 모델을 찾은 여성들도 있을 것이다. 하지만 대다수의 평범한 여성들처럼 나 역시 '나는 다른 사람들처럼 되고 싶지 않아'와 '모두가 동경하는 사람이 되고 싶어' 사이에서 갈팡질팡 흔들렸다. 또 '아무도 나를 원하지 않으면 좋겠어'와 '진짜 단 한 명도 나를 원하지 않는다면 어떡하지!', 또는 '누군가가 나를 원한다면 그 사람은 믿을 수 없는 사람이야'와 같은 복잡한 감정에 휩싸였다.

나 역시 오랫동안 다른 여성을 경쟁자로 보았다. 지금도 틱톡에서 여자의 적은 여자라는 여성혐오적인 영상이 올라올 때마다 깜짝 놀란다. 예를 들면, 그런 영상은 어떤 여성이 다른 여성에게 인사하면서 시작된다. 하지만 상대방은 인사를 받아주지 않고 무시한다. 그러면 인사를 건넨 여성은 '아하, 그렇게 나오겠다 이거지. 감히 나한테?' 하는 뻔한 태도로 나오고 두 사람은 이내 서로 미워한다. 이런 동영상에 좋아요가 무려 수십만 개씩 달린다. 댓글창에 자기도 비슷한 일을 겪었다고 공감하는 사람들이 나타난다. "아, 나도 여자지만 여자들 이러는 거 진짜 싫음. 여자라면 항상 겪는 일"이라는 댓글이 달린다.

이런 경험을 했다는 수많은 댓글을 스크롤하다 보면 걱정스럽다. 앞에서 귀가 따갑도록 이야기했지만 지금 다시 한번 말하겠다. 우리는 모두 가부장제 혐의에서 벗어날 수 없다. 우리는 여전히 여성 간의 관계에는 문제가 있고, 시끄럽고, 과하다고 묘사되는 사회에 살고 있다.★

★　…반나체로 땀을 삘삘 흘리며 공놀이를 하고, 고함을 치고, 휘파람을 불며, 나에게 관심을 보이지 않으면 너를 때리겠다는 거친 남성 무리가 보통 이런 말을 한다. 네네, 참 감사하네요.

영화 〈페어런트 트랩〉에는 새엄마인 메레디스 블레이크가 등장한다. 어렸을 때는 메레디스가 악몽처럼 무서운 존재로 느껴졌다. 작중 아빠는 착한 사람, 새엄마는 나쁜 사람이라고만 생각했다. 이 영화 속에서 새엄마는 젊고 잘 꾸민 여성이었는데, 그러다 보니 자연스럽게 부정적인 이미지가 덧씌워졌다. 금발로 염색하고 비싼 옷을 입은 여성에게는 비호감, 또는 좀 더 나쁘게 말하면 짜증나는 여성이라는 꼬리표가 따라붙기 쉬웠던 시절이다.

성인이 된 지금 생각해 보면 오히려 메레디스라는 캐릭터에 더 몰입이 된다. 지금 보니 메레디스는 옷도 잘 입고 교육 수준도 높고 우아하기까지 한 그야말로 페미니즘의 아이콘이다. 그녀는 자기도 새엄마가 되는 일이 그리 유쾌하지만은 않았을 텐데 아이들과 잘 지내보려고 노력한다. 심지어 아이들과 함께 캠핑까지 가는데, 미안하지만 나였다면 진작 도망쳤다. 진짜 도망친다고 한들 뭐가 그리 나쁜가! 이에 반해 메레디스는 진심을 담아 아이들을 대했다.

어렸을 때는 도무지 이해할 수 없고 거만하고 재수 없어 보이던 메레디스의 행동에 고개를 끄덕이며 공감하게 되었다. 이 영화가 만들어졌을 시기에는 지금보다 대중문화에 '남성의 시선'이 만연했다. 메레디스가 외모를 가꾸는 모습도 부정적으로 비쳐져 관객들은 그녀의 여성성을 비호감이라고 받아들일 수밖에 없었다. 여성성은 결코 '나쁜' 특성이 아니고 메레디스라는 인물이 가진 여러 가지 특성 중 하나일 뿐이다. 이에 반해 외모에 별로 신경을 쓰지 않는 여성들은 여성으로서 가치가 없는 것처럼 폄하되었다. 외모에 신경을 쓰면 나쁜 것이고, 신경을 쓰지 않아 존재가 폄하된다면 대체 어쩌라는 건가? 어떤 선택을 하든 여성을 패배자로 만들어버리는 대단한 방식이다.

어쨌든 나는 이제 메레디스의 열렬한 팬이 되었고, 그녀를 완전히 다른 관점으로 바라보게 되었다. 페미니즘 관점에서 메레디스를 본다면,[7] 그녀는 악당이 아니라 자신이 무엇을 원하는지, 누구를 원하는지를 아는 주체적인 여성이다. 한나 페인Hannah Payne이 잡지《필름스쿨리젝트FSR》에 게재한 "〈페어런트 트랩〉의 메레디스 블레이크는 어떻게 악당에서 공감 가는 아이콘이 되었나"를 보면 메러디스가 악당이 아니라 현대적인 여성임을 알 수 있다.

이처럼 내면의 여성혐오를 극복하기 위한 나의 성찰은 그동안 잘못해 왔던 행동 패턴에서 벗어나기 위한 육체적 노력에 가까웠다. 투사란 어떤 대상에 내 생각이나 심리를 반영하여 프레임을 덧씌우는 행위를 말한다. 자기 생각을 놓지 못하고 투사라는 방어기제를 통해 자기 자신마저 속이는 것이다. 자기 생각을 지키려는 충동은 '나는 이런 사람이야' 혹은

'아니, 나는 그런 사람이 아냐'처럼 강하고 분명한 형태로 드러나기 마련이고, 이는 때때로 인간관계에서 갈등으로 번지기도 한다.[72]

나도 내적 갈등을 겪은 적이 있다. 나 역시 정말로 여성을 '혐오'한 적 없다고 열심히 주장했다.★ 하지만 점점 나 자신에게 솔직해야 한다는 생각이 들었다. 내 생각을 정확하게 바라봐야 했다. 젠장, 정말 괴로운 일이었다. 성장은 원래 아픈 법이다. 스스로 직시하고, 고약한 편견을 끄집어내고, 샅샅이 파헤치고, 없애버리는 것은 적어도 나에게 고통스러운 과정이었다. 동시에 그만한 가치가 있는 일이기도 했다.

여러 번 말했듯 우리는 여성혐오로부터 완전히 벗어날 수는 없다. 그러나 최소한 넓은 의미의 여성혐오적 사고방식에서 벗어나면 마음이 훨씬 편안해진다.

나의 지난 잘못들을 모두 털어놓는 것이 부끄럽지 않냐고? 우리가 하루빨리 이 끔찍한 여성혐오에서 빠져나와야 한다고 세상에 알리는 책에서 저자가 여성혐오로부터 자유로울 수 없었다는 사실을 인정하는 꼴이라고? 그렇다. 솔직히 말하면 정말로 부끄럽다. 하지만 여성들은 유난히 자기가 저질렀던 잘못에 대한 대가를 크게 치러야 했고, 대가를 치른 뒤에도

★ 이는 "내가 우리 동네 케밥집 아저씨와 얼마나 친한데, 내가 인종차별주의자일 리가 없지!"라고 말하는 것과 똑같다.

영원히 그 잘못에 발목을 잡혀 억압당했다는 것을 잘 알고 있다. 그리고 이제는 달라져야 한다고 생각한다.

나는 여성혐오를 배우며 자랐다. 드라마와 영화를 통해 숨 쉬듯 여성혐오를 흡수했다. 나의 전 남자 친구, 현 남자 친구, 남편이 과거부터 미래까지 만나왔고 만나게 될 여성들은 전부 문제투성이였지만 내 남자만은 절대 문제가 없다고 생각하도록 사회화되었다. 여성과의 관계 형성은 늘 복잡하고, 여성은 언제나 베이직걸과 픽미걸 아니면 다른 무언가로 판단되고 평가받는 존재라고 여겼다.

나는 이제 더 이상 전 여친은 죄다 미친년이라는 진부한 신화를 믿지 않는다. 내가 친구들보다 예뻐 보여야 한다고 생각하지도 않는다. 그들은 나의 친구이고, 그래서 예쁘다. 나는 여성과 라이벌이 되어 경쟁하고 싶지 않다. 나는 내가 만나는 모든 여성을 곧바로 좋아하고, 대단하게 여기고, 가부장적으로 판단 내리기를 거부한다. 놀랍게도 다른 여성들도 나를 그렇게 대해준다.

이제 나는 다른 여성들과 다른 존재가 되고 싶지 않다. 오히려 그들처럼 되길 원한다.

나는 활발하고, 시끄럽고, 분홍색 때로는 파란색을 좋아하고, 다양한 여자 친구 무리에 끼어 어울리고 싶고, 칵테일을 마시고, 쇼핑하고, 여성에 대한 온갖 진부한 편견을 따르거나 혹은 전혀 따르지 않고 싶다. 나는 다른 사람의 생각, 판단, 성역할에 따른 고정관념 그 너머의 존재다. 여자가 이래도 되냐고? 아니면 내가 여자치고는 제법 시끄럽고, 대담하고, 똑똑하고, 피곤하고, 재밌다고?

아니, 나는 나다. 그리고 나는 여성이다.

그게 전부다.

그리고 감사 (하려고 해본다)

나는 칭찬을 잘 못하는 편이다. 솔직히 말하면 전혀 못한다. 칭찬은 내가 사랑을 표현하는 방식이 아니다. 말로 하는 애정 표현도 잘 못한다. 이 말은 내가 칭찬을 받는 경우에도 마찬가지다. 마치 아무것도 아니라는 듯 얼른 무마해 버리기 십상이다. 칭찬이 좋은 뜻이라는 걸 나도 알지만, 솔직히 마음에 와닿지는 않는다.

칭찬을 입 밖으로 하는 순간 이상한 기분이 든다. 몇 년간 망설였던 첫걸음을 떼는 기분이다. 다른 사람들은 보통 사랑을 표현할 때 칭찬을 사용하기 때문에, 나도 칭찬을 통해 그들과 소통하고 있으며 내가 그들의 말을 듣고 있음을 느끼게 하려고 노력한다.

나에게는 청소기를 돌려주거나 스트레스를 유발하는 요인을 하나 지워 주는 게 세 장짜리 연애편지보다 훨씬 더 큰 사랑의 표현이다. 그렇다. 나에게 사랑은 곧 봉사다. 그래서 나는 음식을 만들어주거나 돌봄 노동을 해주는 사람이 정말 좋다. 잠깐, 이 책의 끝자락에서 하고 싶은 말은 이게 아니다. 사랑을 표현하는 방식은 다를지언정 나는 칭찬하고 싶고 또 칭찬해야 한다고 생각한다. 무엇보다도 감사하다고 말하고 싶다.

　　먼저 나 자신에게 감사한다. 자기에게 감사한다는 말이 좀 웃기지만, 어쨌든 그렇다. 하루 종일 틱톡을 보아주어서 내게 고맙다. 틱톡을 보고 나면 몇 시간, 며칠, 때로는 몇 주간 지치지만 내가 바깥세상에서 일어나는 일들에 얼마나 문제가 많은지 많은 사람에게 알릴 수 있도록 열심히 봐주어 고맙다.

　　말끝에 '그냥 농담이야' 한마디 덧붙인다고 전부 농담으로 받아들이지 않아줘서 고맙다. 부당한 일에는 들고 일어나야만 하는 사람이라서, 부당한 일을 당한 사람의 편을 들어야만 하는 사람이라서 고맙다. 시끄럽게 굴어도 되는 게 아니라 시끄럽게 굴어야만 하는 사람이라서, 그마저도 우리가 하는 말들이 빠르게 흘러가는 세계에서 시끄러운 사람이 되어주어 고맙다. 드라마퀸이 되길 두려워하지 않고 감정을 표현해 줘서 고맙다.

진정한 여성이 되기 위해 꼭 청소하고 아이들을 위해 요리하는 아내이자 엄마가 되어야만 할 필요는 없지만, 원한다면 기꺼이 그럴 수 있는 것에, 또 진정한 여성이란 과연 무엇인지에 대해 고민하는 나에게 고맙다. 도대체 진정한 여성이 뭘까? 나는 가짜 여성인 걸까? 그렇다고 하기에는 나의 삶에는 꽤 현실감이 있다. 내 삶의 모든 것이 과하고, 진짜 피곤하지만 정말로 좋다. 무슨 영화 엔딩 같은 말이지만, 미안하다. 아직 끝나지 않았다.

무엇보다도 나를 아주, 아주, 아주 많이 인내해 주는 매니저 조시에게 감사하다. 내가 조시에게 밤중에 "자나요오오오?"라는 문자 메시지를 보냈다가 이내 "아, 아니에요. 괜찮아요"라고 곧바로 보낼 때가 있다. 손에 든 휴대폰과 머릿속에 생각이 무거워질 때면 모든 문자메시지에 단답형으로만 대답하기도 하는데, 이 모든 상황들을 견뎌주어 고맙다.

그리고 편집자 마리에게도 감사한다. 나와 같이 빌라넬을 사랑하고, 나와 같은 미적 감각을 가진 데다 천사 같은 인내심을 지닌 여성이다. 마리는 거의 누더기 수준이었던 이 원고를 "잘 모르겠지만 한번 해볼게요"라는 말로 받아주었고 여러분이 보시다시피 번듯한 책으로 탄생시켰다.

에덴북스 출판사의 멋진 여성들에게도 진심으로 감사한다. 마찬가지로 나에게 천사 같은 인내심을 보여주었다. 여기까지 말하다 보니 주변 사람들이 나를 대할 때 꽤 인내심이 필요했다는 사실을 깨닫고 있다….

내가 원할 때마다 떠날 수 있게 배려해 준 나의 동반자에게도 감사하다. 나는 원고를 써야 할 때 2주간 혼자만의 시간을 가지곤 했다. 개인주의적인 여성과 함께한다는 건 피곤하다는 걸 나도 잘 안다. 나는 외로움을 좋아하지 않지만, 혼자 있는 것은 좋아한다. 혼자 있는 시간이 생각하기 가장 좋은 시간이기 때문이다. 헤헤, '생각'하는 '여성'이라니 웃기게 들릴 수도 있겠지만 사실이다. 내가 자유롭게 지내다가 언제나 다시 당신에게 총총 돌아오게 해주어 고맙다.

수년간 내 삶의 일부가 되어 준 에잠에게도 감사한다. 너는 내게 용기를 주었고, 나는 네가 상상할 수 있는 만큼보다 더 많이 감사해. 너도 잘 알고 있겠지만, 사랑해.

내가 소와 당나귀를 쓰다듬으며 마음을 진정시킬 수 있도록 매번 교외로 데려다준 아빠에게 감사한다. 소와 당나귀를 쓰다듬으면 마음을 차분히 만드는 데 정말 효과가 좋으니 다들 꼭 해보기를 바란다.

나에게 지적 자극을 주고, 이리저리 생각하게 만들고, 또 다른 관점에서 생각하게 만들고, 다시 곱씹어보게 만드는 우리 할아버지. 늦은 밤 와인과 함께 둘만의 토론 시간으로 항상 나에게 새로운 아이디어를 가져다준 할아버지에게도 감사한다.

그리고 롭, 우리 엄마를 사랑해 줘서 감사한다.

엄마, 나를 항상 사랑해 줘서 고마워요. 여기서는 이 정도만 할게요. 엄마에 대한 이야기는 이미 도입부에서 했으니까요. 이 모든 것은 엄마로부터 시작되었고 이제 엄마와 함께 끝을 맺습니다.

참고문헌

1   Mareike Fallwickl, '문학 비평에서의 여성혐오는 빙산의 일각일 뿐(Misogynie in der Literaturkritik ist nur die Spitze des Eisbergs)', *litrobona*, 2021.3.2. (https://litrobona.com/2021/03/02/misogynie-in-derliteraturkritik-ist-nur-die-spitze-des-eisbergs/)

2   Anna Rosenwasser, '우리 안의 여성혐오(DIE FRAUENFEINDLICHKEIT IN UNS DRIN)', *Goethe.de*, 2021.12. (https://www.goethe.de/prj/zei/de/fem/22556586.html)

3   '와인슈타인 사건: 알리사 밀라노가 #미투로 들고 일어나다(Der Fall Weinstein: Alyssa Milano initiiert unter #metoo einen Aufschrei)', *Der Standard*, 2017.10.16. (https://www.derstandard.de/story/2000066101816/alyssa-milano-initiierte-einen-auschrei-unter-metoo)

4   Jillian Kestler-D'Amours, '사상자를 유발한 토론토 총기 난사 사건은 '명백한' 여성혐오(Misogyny 'clear-cut' in deadly Toronto attack)', *Aljazeera*, 2018.5.2. (https://www.aljazeera.com/amp/news/2018/5/2/misogyny-clear-cut-in-deadly-toronto-attack)

5   '경찰, 여성혐오 범행 동기 조사(Polizei prüft Frauenhass als Motiv)', *Panorama*, 2018.4.25. (https://www.ntv.de/panorama/Polizei-prueft-Frauenhass-als-Motiv-article20403477.html)

6   '독일연방통계청: 여성 임원진 비중 여전히 낮아(Statistisches Bundesamt: Frauen in Führungspositionen weiterhin unterrepräsentiert)', 2021. (https://www.destatis.de/Europa/DE/Thema/Bevoelkerung-Arbeit-Soziales/Arbeitsmarkt/Frauenanteil_Fuehrungsetagen.html)

7   De'ja Stokes, '힙합계 여성혐오의 거친 현실(The Harsh Reality of Misogyny in Hip-Hop)', *Journey*, 2020.8.18. (https://jmagonline.com/articles/the-harsh-

reality-of-misogyny-in-hip-hop)

8   Nene Opoku, '독일 랩에서 나타나는 유대인 혐오와 여성혐오(ANTISEMI-
     TISMUS UND MISOGYNIE IM DEUTSCHRAP)', *Belltower*, 2021.10.21.
     (https://www.belltower.news/musik-antisemitismus-und-misogynie-im-
     deutschrap-122887/)

9   '충격 효과(shock value)', 어반 딕셔너리 (https://www.urbandictionary.com/
     define.php?term=shock%20value)

10   Matthias Scherer, '미투 운동, 독일 랩에 도달하다(#METOO IST IM
     DEUTSCHRAP ANGEKOMMEN)', *BR Kultur Bühne*, 2021.6.23. (https://
     www.br.de/kultur/gesellschaft)

11   Thomas Kolkmann, '무엇이 비유적 표현인가?(Was ist ein Trope?)', *Giga*,
     2021.10.22. (https://www.giga.de/artikel/was-ist-ein-trope-filme-serien-spiele-
     buecher/)

12   Ann-Kathrin Tlusty, *Süss*, 2021, p.9

13   Angela Gruber, '당신은 할 말이 없습니다(Ihr habt nichts zu sagen)', *Spiegel*,
     2016.4.9. (https://www.spiegel.de/kultur/kino/frauen-in-disney-filmen-warum)

14   Angela Gruber, 위의 글.

15   벡델 테스트 통과 영화 목록 (https://bechdeltest.com/)

16   Ryan Plocher, '성차별은 흔적을 남긴다(Dem Sexismus auf der Spur)', *GEW*,
     2016.6.1. (https://www.gewberlin.de/aktuelles/detailseite/dem-sexismus-auf-der-
     spur)

17   〈그레이 아나토미 시즌 2 5화: 고통을 가져오다〉, (https://www.youtube.com/
     watch?v=ax4Hu1zuGkI)

18   비엔나 여성 편집부, '픽미걸의 문제점은 무엇인가?(Was ist das Problem mit
     Pick-me Girls?)', *Wienerin*, 2022.2.24. (https://wienerin.at/was-ist-das-problem-
     mit-pick-me-girls)

19   Jack Holland, *Misogynie: Die Geschichte des Frauenhasses*, Zweitausendeins,
     2010, p.21 (《판도라의 딸들, 여성혐오의 역사》, 미음, 김하늘 옮김)

20   Alexandra Zykunov, *Wir sind doch alle längst gleichberechtigt!*, Ullstein Ebooks,
     2022, p.19

21   Charlotte Müller, '과거와 현재의 마녀사냥(Hexenverfolgung damals und heute)',
     Deutsche Welle, 2020.8.10. (https://www.dw.com/de/hexenverfolgung-damals-

und-heute/a-54472004)

22   Liv Strömquist, *Fruit of Knowledge: Men who have been too interested in the female genitalia*, Fantagraphics Books, 2018.

23   Luisa Fernau, '핑크색은 왜 한때 남성의 상징이었는가, 성 역할 고정관념에 관하여(Warum die Farbe Rosa einst Männersache war, Geschlechterklischees)', *Geo*, 2021.3.10. (https://www.geo.de/amp/wissen/19876-rtkl-geschlechterklischees-warum-die-farbe-rosa-einst-maennersache-war)

24   Gernot Kramper, '가부장제 신화의 종말, 석기시대 여성들도 사냥을 했다(Ende eines patriarchalen Mythos - Frauen gingen in der Steinzeit auf die Jagd)', *stern*, 2022.4.6. (https://www.stern.de/digital/technik/ende-eines-patriarchalen-mythos--frauen-waren-in-der-steinzeit-jaegerinnen-9516676.html)

25   Eva Heller, *Wie Farben wirken*, Rowohlt-Taschenbuch-Verlag, 2004, p.39

26   함부르크 소비자 센터, '핑크 택스, 여성들은 더 많이 지불한다(Pink Tax: Frauen zahlen mehr)', 2021.3.14. (https://www.vzhh.de/themen/lebensmittel-ernaehrung/einkaufsfalle-supermarkt/pink-tax-frauen-zahlen-mehr)

27   연방가족노인여성청소년부, '폭력의 형태 알아보기(Formen der Gewalt erkennen)', 2021.12.22. (https://www.bmfsfj.de/bmfsfj/themen/gleichstellung/frauen-vor-gewalt-schuetzen/haeusliche-gewalt/formen-der-gewalt-erkennen-80642)

28   @Thefemalelead, @emmaisafeminist, '그린 데이비스 연구소와 '오늘의 페미니즘'을 통한 연구(Studien via Geena Davis Institute und EverydayFeminism)' (https://vm.tiktok.com/ ZMNFjcuaN/?k=1)

29   Thomas Pyczak, '서론으로 시간을 낭비하지 마세요, 설득의 시간은 단 8초(Verlieren Sie keine Zeit mit Vorreden! Sie haben nur 8 Sekunden Zeit, zu überzeugen)', *Focus*, 2017.8.27. (https://www.focus.de/finanzen/experten/pyczak/sinkendeaufmerksamkeit-sie-haben-nur-8-sekunden-zeit-zu-ueberzeugen_id_7395625.html)

30   '행동학자의 도발, 미혼 여성이 가장 행복한 이유(Verhaltensforscher provoziert: Darum sind Single-Frauen am glücklichsten)', *Brigitte* (https://www.brigitte.de/liebe/singles/verhaltensforscher-paul-dolan--single-frauen-am-gluecklichsten-11603922.html)

31   Mareike Stoverock, *Female Choice*, Tropen, 2022, p.14

32 https://theadultman.com/start-here/

33 Joshua Sigafus, '성인 남성, 알파 메일을 설명하다. 당신이 알파라는 9가지 진정한 신호(The Adult Man: The Alpha Male Explained: 9 True Signs You're an Alpha)', *The Adult Man*, 2023.3.16. (https://theadultman.com/love-and-lust/alpha-male/)

34 Joshua Sigafus, 위의 글.

35 '축구와 가정 폭력, 그리고 술의 역할(Fußball, häusliche Gewalt und die große Rolle von Alkohol)', *Der Standard*, 2021.7.12. (https://www.derstandard.de/story/2000128137765/fussball-und-gewalt-gegen-frauen-die- grosse-rolle-von-alkohol)

36 Franziska Schutzbach, *Die Erschöpfung der Frauen*, Droemer eBook, 2021, p.154

37 Stephen Marche, '빨간약을 삼키다, 현대 여성혐오의 정수로 떠나는 여행(Swallowing the Red Pill: a journey to the heart of modern misogyny)', *The Guardian*, 2016.4.14. (https://www.theguardian.com/technology/2016/apr/14/the-red-pill-reddit-modern-misogyny-manosphere-men)

38 '코로나19 시대의 청년들, 16-24세 청소년들의 두려움과 희망에 대한 연구(YOUNG PEOPLE IN THE TIME OF COVID-19 – A FEAR AND HOPE STUDY OF 16 – 24 YEAR OLDS)', *Hope* (https://hopenothate.org.uk/wp-content/uploads/2020/08/youth-fear-and-hope-2020-07-v2final.pdf)

39 위의 글, p. 42

40 Emeli Glaser, '틱톡에서의 여성혐오(Frauenhass auf TikTok)', taz, 2021.5.2. (https://taz.de/Frauenhass-auf-TikTok/!5763547/)

41 Emeli Glaser, 위의 글.

42 Sascha Lobo, '소셜 미디어의 분위기가 여성혐오적으로 변모하고 있다(In sozialen Medien wandelt sich das Klima – in Richtung Frauenfeindlichkeit)', *Spiegel online*, 2021.6.9. (https://www.spiegel.de/netzwelt/netzpolitik/sascha-lobo-in-sozialen-medien-wandelt-sich-das-klima-in-richtung-frauenfeindlichkeit-a-72e24390-505b-4f02-8283-308c71f7df9d)

43 Kate Manne, *Down Girl: Himpathy*, Oxford University Press, 2017, pp. 310-316 《다운 걸: 여성혐오의 논리》, 글항아리, 서정아 옮김)

44 Kate Manne, 위의 책, p. 318

45 '여성혐오자들의 왜곡된 세계, 인셀은 어떻게 부상하며 왜 위험한가(Zerrwelt

der Frauenhasser – Wie die Incel-Szene an Bedeutung gewinnt und wie gefährlich sie ist)', *NDR* (https://story.ndr.de/incels/index.html)

46 '산타바바라 살인범의 '복수'영상(Santa Barbara killer's 'retribution' video)', *police 1*, 2014.5.24. (https:// www.police1.com/activshooter/videos/santa-barbara-killers- retribution-video-cvhbBxq4q7mDgTiK/)

47 '엘리엇 로저: 여성혐오 살인마는 어떻게 '인셀의 히어로'가 되었는가(Elliot Rodger: How misogynist killer became 'incel hero')', *BBC*, 2018.4.26. (https://www.bbc.com/news/world-us-canada-43892189)

48 Robert Bongen, Katharina Schiele, '극우 테러리스트와 여성혐오(Rechte Terroristen: Hass auf Frauen)', *anorama*, 2019.10.31. (https://daserste.ndr.de/panorama/archiv/2019/Rechte-Terroristen-Hass-auf-Frauen,frauenhass100.html)

49 Katharina Schiele, '할레에서 연쇄적인 여성혐오 범죄가 발생하다(Halle reiht sich in die Serie frauenfeindlicher Attentate ein)', *Panorama*, 2019.10.31. (https://daserste.ndr.de/panorama/archiv/2019/Halle-reiht-sich-in-die-Serie-frauenfeindlicher-Attentate-ein,frauenhass120.html)

50 Sebastian Leber, '연약한 남성성이 상처를 입을 때(Wenn fragile Männlichkeit gefährlich wird)', *Der Tagesspiegel*, 2020.8.13. (https://www.tagesspiegel.de/themen/reportage/das-netzwerk-der-antifeministen-wenn-fragile-maennlichkeit-gefaehrlich-wird/26072892.html)

51 Anna Eube, '여성들은 '입을 좀 다물어야'한다, 그게 재밌나?(Frauen sollen 'auch mal den Mund halten' – und das soll witzig sein?)', *Iconist*, 2021.8.24. (https://www.welt.de/iconist/iconista/article233276531/Misogynie-bei-Tiktok-Frauen-sollen-auch-mal-den-Mund-halten-ist-kein-Witz.html)

52 〈꿈의 여성 찾음(Traumfrau gesucht)〉, (https://youtu.be/DWJ7ci9cg94)

53 Tamara Tischendorf, '다운 걸, 여성혐오의 논리(Down Girl. Die Logik der Misogynie)', *Deutschlandfunk*, 2019.6.3. (https://www.deutschlandfunk.de/kate-manne-down-girl-die-logik-der-misogynie-100.html)

54 Disha Daswaney, '여성의 소득이 남성보다 높은 유일한 산업(This is the one industry where women earn more than men)', *London Evening Standard*, 2017.5.3. (https://www.standard.co.uk/lifestyle/london-life/gender-pay-gap-this-is-the-one-industry-where-women-earn-more-than-men-a3529401.html)

55 Pia Gralki, '독일의 성별 간 임금 격차가 사라지려면 101년 필요(Deutschland

braucht noch 101 Jahre, um das Gender Pay Gap zu schließen)', *Global Citizen*, 2020.10.7. (https://www.globalcitizen.org/de/content/gender-pay-gap-deutschland-gleichberechtigung/)

56   Joachim Huber, '남성 인플루언서의 인스타그램 소득이 훨씬 더 높다 (Männliche Influencer verdienen deutlich mehr auf Instagram)', *Der Tagesspiegel*, 2020.1.21. (https://www.tagesspiegel.de/gesellschaft/medien/frauen-im-nachteil-maennliche-influencer-verdienen-deutlich-mehr-auf-instagram/25457826.html)

57   Jowa, '여성 인플루언서에 대한 멸시와 혐오(Über Misogynie und den Hass gegen Influencerinnen)', *amazed*, 2021.4.7. (https://www.amazedmag.de/misogynie-hass-gegen-influencerinnen/)

58   '포허, "감옥에 얼마나 갈지 모르겠다", 피소 후 또 입 열다("Bin nicht sicher, wie lange ich in den Knast gehe": Pocher legt nach Anzeige noch mal nach)', *watson.de*, 2021.1.25. (https://www.watson.de/unterhaltung/stars/986462104-pocher-legt-nach-anzeige-von-influencerin-nochmal-nach)

59   Matthias Brauer, '성기 사진 또는 나체 사진 전송에 대한 형사 고발(Strafanzeige wegen des Verschickens von sog.《Dickpics》oder Nacktbildern)', *Anwalt. de*, 2020.10.14. (https://www.anwalt.de/rechtstipps/strafanzeige-wegen-des-verschickens-von-sog-dickpics-oder-nacktbildern_170759.html)

60   Elizabteh Weil, '지난 가을, 고등학교 화장실 벽에 "조심해야 할 소년들" 명단 이 나타났다. 그들 중 한 명의 이야기(Teenage Justice A list of boys "to look out for" appeared on a high-school bathroom wall last fall. The story of one of them)', *The Cut*, 2022.6.21. (https://www.thecut.com/article/cancel-culture-high-school-teens.html)

61   Cris Evatt, *Männer sind vom Mars, Frauen von der Venus: tausend und ein kleiner Unterschied zwischen den Geschlechtern*, Piper Taschenbuch, 2005

62   @DailyJulianne (https://twitter.com/dailyjulianne/status/1528144 498496311298)

63   Hannah Minichshofer, '메일 게이즈, 남성의 시선으로 관찰하다(The Male Gaze -beobachtet durch den männlichen Blick)', *floo.magazin*, 2022.5.28. (https:// www.floo.media/artikel/the-male-gaze-theory-erklaert/)

64   Eliza Thiele, '메일 게이즈, 남성에 의해, 남성을 위해(MALE GAZE: VON MÄNNERN FÜR MÄNNER)', *Goschat*, 2022.6.28. (https://goschat.

at/2022/06/28/male-gaze-von-maennern-fuer-maenner/)

65   Andrea Lijana Velina, '성스러운 월경(Heilige Menstruation)', *yoooni*, 2021.8.3.
      (https://www.yoooni.de/heilige-menstruation/)

66   Liv Strömquist, 위의 글.

67   Theresia Heimerl, '종교에서의 월경, 불결하고 위험한 것(Menstruation in den
      Religionen: Unrein und gefährlich)', *Der Standard*, 2019.5.9. (https://www.
      derstandard.de/story/2000097135956/menstruation-in-den-religionen-unrein-
      und-gefaehrlich)

68   '아스피린, 남성과 여성에게 효능 달라(Aspirin wirkt bei Frauen und Männern
      unterschiedlich)', *Spektrum*, 2006.1.18. (https://www.spektrum.de/news/aspirin-
      wirkt-bei-frauen-und-maennern-unterschiedlich/797779)

69   '플리백(Fleabag)', 케임브리지 사전 (https://dictionary.cambridge.org/ de/
      worterbuch/englisch/fleabag)

70   Wiebke Tomescheit, '아날레나 배어복에 대한 이상한 의심, 독일의 가족 이미
      지는 바뀌어야 한다, 지금 당장!(Die seltsamen Zweifel an Annalena Baerbock:
      Deutschland braucht ein neues Familienbild–dringend!)', *Stern*, 2021.4.21.
      (https://www.stern.de/politik/deutschland/annalena-baerbocks-eignung-wird-
      infrage-gestellt---weil-sie-mutter-ist-30489584.html)

71   Hannah Payne, '페어런트 트랩'의 메레디스 블레이크는 어떻게 악당에서 공
      감가는 아이콘이 되었나(How Meredith Blake from 'The Parent Trap' Went from
      Villain to Relatable Icon), *FSR*, 2019.10.5. (https://filmschool- rejects.com/
      meredith-blake-the-parent-trap/)

72   '투사(Projektion)', 스펙트럼 심리학 백과사전 (https://www.spektrum.de/lexikon/
      psychologie/projektion/11907)

옮긴이　김지유

충남대학교에서 독어독문학을 전공하고, 한국외국어대학교 통번역대학원에서 한독과 석사 과정을 졸업했다. 주독일 대한민국 대사관을 포함한 다수의 정부 기관과 기업에서 통번역사로 활동하다가 현재 독일에서 전문 통번역사로 근무하고 있다. 출판번역에이전시 글로하나에서 인문, 소설을 중심으로 다양한 분야의 독일서를 번역하고 있다. 옮긴 책으로는 《핫타임》, 《이별 후의 삶》이 있다.

온 세상이 우리를 공주 취급해

은근한 차별에 맞서는 생각하는 여자들의 속 시원한 반격

초판 1쇄 인쇄　2024년 2월 8일	펴낸이　임경진, 권영선
초판 1쇄 발행　2024년 2월 22일	펴낸곳　㈜프런트페이지
	출판등록　2022년 2월 3일 제2022-000020호
지은이　타라-루이제 비트베어	주소　경기도 파주시 회동길 37-20, 304호
옮긴이　김지유	전화　070-8666-7031(편집), 031-942-0203(영업)
	팩스　070-7966-3022
편집 진행　김민진	메일　book@frontpage.co.kr
디자인　withtext	인스타그램　instagram.com/frontpage_books
마케팅　최지은	네이버 포스트　https://post.naver.com/frontpage_book
제작　357제작소	

ISBN 979-11-93401-07-1 (03300)